Michaela Liaunigg

Aspekt verstehen

Übungen zum russischen Verbalaspekt in Texten
2. erweiterte Auflage

Autor: Michaela Liaunigg
Titel: Aspekt verstehen. Übungen zum russischen Verbalaspekt in Texten.
2. Auflage 3. Druck
Видовые упражнения в текстах.

ISBN: 978-3-902712-14-1

Lektorat/Korrektur: Olga Krysina, Natalie Fischer, Sigrid Strauß

Übersetzungen:
Natalie Fischer: Zitate von Thomas Bernhard
Erich Liaunigg: Der Dampfer mit Sauerrahm, Im Postbüro, Die Nase, Die Rübe

Krottenbachstraße 3/2/3
1190 Wien
Österreich

E-Mail: info@edition-liaunigg.at
Internet: http://www.edition-liaunigg.at

Druck: Prospektus Nyomda
Printed in Hungary

Inhalt

E

Einleitung

Die Bedeutung des Aspekts

Ein Mensch nimmt nie alles wahr, was ihm angeboten wird, sondern nur das, was zu seinen Vorstellungen und Erwartungen passt, welche sich aus seinen bisher gemachten Erfahrungen ergeben.
Gerald Hüther

Stoßen wir auf etwas Unbekanntes, versuchen wir, einen Bezug zu dem herzustellen, was wir schon kennen. Wenn wir etwas Neues lernen, versucht unser Gehirn, soweit dies möglich ist, die neuen Inhalte mit bereits bekannten zu verknüpfen. Wenn Sie zum ersten Mal eine Avokado kosten, fällt Ihnen vielleicht das Wort *nussig* ein. Der unbekannte Geschmack der Avokado wird also mit dem bekannten Geschmack der Nuss in Verbindung gebracht.

Nehmen wir nun als Beispiel einen Satz aus unserem Bereich:

Haben Sie schon vom Aspekt gehört? Beim Übersetzen dieses Satzes müssen wir *слы́шать*, das russische Verb für *hören*, in die entsprechende Form bringen (Person, Zahl, Modus usw. sollten keine Probleme bereiten). Und wie sieht es mit der Zeit aus? Auch das ist einfach. Es handelt sich um die Vergangenheit. Da es im Russischen nur eine Stufe der Vergangenheit gibt, stellt sich die Frage »Welche Vergangenheit?« überhaupt nicht. Nun kommt die Entscheidung: »Vollendeter oder unvollendeter Aspekt?« Der auf Deutsch Denkende wird schnell die vermeintliche Lösung finden. Der Beispielsatz steht in der Vergangenheit. Wenn die Handlung schon vergangen ist, ist sie vorbei und wird daher mit dem vollendeten Aspekt übersetzt. Weit gefehlt!

Вы уже слы́шали о ви́де? In der Übersetzung wird also der unvollendete Aspekt verwendet. Avocados schmecken zwar nach Nuss, aber ein Schiffchen werden Sie aus ihren Schalen nicht so leicht machen können wie aus den Nussschalen.

Die vom Deutschen ausgehende Argumentationskette greift also nicht. Denn würde sie stimmen, gäbe es in der Vergangenheit immer nur den vollendeten Aspekt! Die Bezeichnung *vollendeter Aspekt* ist daher irreführend.

Für deutsche Muttersprachler gilt es, beim Erlernen des russischen Aspektes ein neues Feld zu erforschen. Wie »knacken« wir nun diese Avocado? Was die grammatischen Formen dieser Kategorie betrifft, ist die Lage eindeutig: Jede Verbform gehört einem Aspekt, in selten Fällen auch beiden Aspekten[1] an, wobei es Verben gibt, die sogenannte

1 Analog dazu gibt es im Deutschen auch Wörter, die je nach Zusammenhang Ein- oder Mehrzahl bedeuten können, wie das Wort *Sessel*.

Введение

Значение вида

Человек всегда воспринимает не всё, что ему предлагается, а только то, что соответствует его представлениям и ожиданиям, сложившимся на основании пережитого.
Геральд Хютер

Сталкиваясь с чем-то новым, мы связываем это с тем, что нам уже знакомо. При этом наш мозг пытается как можно лучше выстроить эту связь. Если Вам нужно описать вкус авокадо, то первое, что Вам придёт в голову, это привкус ореха. Так незнакомый вкус авокадо будет связан с уже знакомым вкусом ореха.

Приведём в качестве примера фразу из нашей области:

Haben Sie schon vom Aspekt gehört? — Вы уже слышали о виде? При переводе данного предложения с немецкого языка на русский мы должны русский глагол *слышать — hören* употребить в соответствующей форме (лице, числе, наклонении и т. д.), что не должно составить особых проблем. А что касается времени? Это тоже просто. Речь идёт о прошедшем времени. Так как в русском языке существует лишь одна форма прошедшего времени, то вопрос, какое это прошедшее время, не имеет смысла. Теперь следует определить: «Какой это вид, совершенный или несовершенный?» Думающий по-немецки быстро, но неверно ответит на данный вопрос. Цепь его размышлений: вопрос употреблён в прошедшем времени. И если действие уже произошло, оно совершилось, следовательно, это совершенный вид. А вот и нет!

Вы уже слышали о виде? Ведь при переводе употребляется несовершенный вид. Авокадо имеет привкус ореха, но кораблик из кожуры отличается от кораблика из ореховой скорлупы.

Эта цепь аргументаций, присущая немецкому языку, ошибочна. Будь она верной, следовало бы в прошедшем времени употреблять только совершенный вид. Сами названия «совершенный» — «несовершенный» вид обманчивы.

Для носителей немецкого языка важно обследовать новое поле под названием «русский вид». Как «разгрызть» авокадо? Грамматическую сторону этой категории несложно понять. Каждая глагольная форма относится к определённому виду[1], в редких случаях к обоим.

1 Аналогично существуют слова, грамматические формы которых являются неизменными в единственном и во множественном числах, к примеру немецкое слово *Sessel — кресло*.

Aspektpaare bilden und auch solche, die nur einem der beiden Aspekte angehören.[2]

An und für sich ist leicht zu verstehen, was ein Aspektpaar ausmacht:

Существуют и глаголы, которые представлены в так называемых парах или только в одном виде[2].

В принципе легко понять, что такое видовая пара:

Ein Aspektpaar besteht aus zwei Verbformen – dem Verb im vollendeten und dem im unvollendeten Aspekt. Beide haben die gleiche Bedeutung und unterscheiden sich nur durch die grammatische Bedeutung des Aspektes.

Die entsprechende Definition in der Akademiegrammatik lautet:

§ 1387. […] Видова́я па́ра – э́то па́ра лекси́чески-тожде́ственных глаго́лов сов. и несов. ви́да, различа́ющихся ме́жду собо́й то́лько граммати́ческой сема́нтикой ви́да.

Natürlich müssen die Ausgangsformen der Verben gelernt werden und es muss gelernt werden, wie die vollendete bzw. die unvollendete Form gebildet wird, ob das Verb ein Paar bildet oder nicht. Die Anzahl der Regeln hält sich aber in Grenzen und zudem sind sie leicht erlernbar.

Ein wesentlich längerer Lernprozess ist für das Verstehen der Bedeutungsunterscheidungen zwischen den Aspekten selbst einzukalkulieren, da für Deutschsprachige doch ein völlig neues System angelegt werden muss. Es ist einfach Avocados und Nüsse zu kaufen, aber bei der Zubereitung kommen die Unterschiede zum Tragen.

Um den Aspektunterschied ins Deutsche zu übersetzen, genügt oft die Übersetzung des Verbs allein nicht, sondern es sind noch zusätzliche Umschreibungen nötig.

Was ist mit der Aspektbedeutung als solcher gemeint? Was versteht man in der Akademiegrammatik unter *граммати́ческая сема́нтика ви́да*, unter jener grammatischen Bedeutungsunterscheidung, die den Aspekt ausmacht?

Конечно, необходимо знать исходные глагольные формы, видовое образование, наличие или отсутствие парности глаголов. Число правил ограничено и выучить их не составит особого труда.

А вот процесс усвоения видового значения займёт немало времени, так как для носителей немецкого языка он будет введением в совершенно новую область. Купить авокадо или орехи просто, но знать, что с чем едят — это другое дело.

При передаче видового значения немецким языком, не всегда достаточно перевести глагол, иногда нужны уточнения.

Что собственно подразумевается под значением вида? Какое значение вкладывает Грамматика Академии Наук в определение *грамматическая семантика вида*?

Die Verben des vollendeten Aspektes unterscheiden sich durch das Vorhandensein einer Begrenzung einer ganzheitlich gesehenen Handlung von den unvollendeten, deren Handlung nicht als einheitliches Ganzes mit Begrenzung dargestellt wird.

§ 1386. Катего́рия ви́да – э́то систе́ма противопоста́вленных друг дру́гу двух рядо́в форм глаго́лов, обознача́ющих ограни́ченное преде́лом це́лостное де́йствие (глаго́лы соверше́нного ви́да), и ря́да форм глаго́лов, не облада́ющих при́знаком ограни́ченного преде́лом це́лостного де́йствия (глаго́лы несоверше́нного ви́да).

2 Vergleichbar mit den Substantiven, von denen die meisten eine Ein- und eine Mehrzahl haben, aber manche nur eine Mehrzahl (Röteln), andere nur eine Einzahl (Mut).

2 Это можно сравнить с тем, что почти все существительные имеют единственное и множественное числа. В то же время, некоторые из них употребляются либо во множественном (очки), либо в единственном (смелость).

E

Wenn wir zu unserem Beispielsatz *Haben Sie schon vom Aspekt gehört?* zurückkehren, stellt sich folgende Frage: Ist die Handlung als ganzheitlich begrenzt anzusehen oder nicht? Es zeigt sich, dass man aus der oben angeführten Definition des Aspektes nur schwer eine Anleitung zu dessen Verwendung ableiten kann (aus der Beschreibung einer Avocado gehen noch keine Kochrezepte hervor).

Jede Definition bemüht sich um Eindeutigkeit, bietet ein Konzentrat an Informationen und muss, um dieses Ziel zu erreichen, bis zu einem gewissen Grad abstrahieren. Beim Abstrahieren findet eine Vereinheitlichung statt, die bei der Anwendung wieder ausdifferenziert werden muss.

Deshalb schlagen wir für das Erlernen der Aspektanwendung einen anderen Weg vor: In unserem Übungsbuch gehen wir vom Text aus und gliedern die Verben nach ihrer Bedeutung in paarige und unpaarige, um ein Gefühl für den Aspekt zu entwickeln.

Nun betrachten wir jene Verben, deren Grundbedeutung nur einen möglichen Aspekt zulässt.

Verben wie *петь — singen, смея́ться — lachen, чита́ть — lesen, бежа́ть — laufen, гуля́ть — spazieren gehen, жить — leben* kommen nur im unvollendeten Aspekt vor. Was haben diese Verben gemeinsam? Sie beschreiben den Verlauf einer Handlung, die über längere Zeit andauert. Nehmen wir *я чита́ю — ich lese* als Beispiel für die Gegenwart, jene Zeit, die nur im unvollendeten Aspekt vorkommt. *Я чита́ю — ich lese* bedeutet, dass ich vor geraumer Zeit in der Vergangenheit zu lesen begonnen habe, im Moment noch dabei bin zu lesen und noch eine Zeit lang lesen werde. Wir befinden uns mitten in der Handlung und ein möglicher Anfang oder ein eventuelles Ende sind nicht im Blickfeld. Wir nehmen also keinen betrachtenden Standpunkt ein. Dasselbe betrifft auch Verben, die einen Zustand ausdrücken, wie *стоя́ть — stehen, спать - schlafen, сиде́ть — sitzen, лежа́ть — liegen*. Nun setzen wir unser Beispiel *чита́ть — lesen* in die Vergangenheit: *я чита́л/-а - ich las, ich habe gelesen, ich hatte gelesen*. Die Vergangenheit des unvollendeten Aspektes unterstreicht nicht das »Vergangene« im Sinne von »vorbei« und daher »vollkommen« oder »abgeschlossen«. Der unvollendete Aspekt bringt uns das vergangene Geschehen, das sich im Prozess befindet, nahe. Es ist wie ein vergegenwärtigtes Geschehen aus der Vergangenheit. Eine mögliche Übersetzung, die dem Aspekt gerecht wird, könnte lauten: *Ich war dabei zu lesen.*

In der Zukunft *я бу́ду чита́ть — ich werde lesen* wird der Fokus auf den

Возвращаясь к нашему примеру *Вы уже слышали о виде?*, мы столкнёмся с вопросом: «Является ли данное действие целостным и ограниченным?» Как можно заметить, описание вида не может быть единственным руководством для практического применения. (Исходя только из описания авокадо, невозможно составить рецепт его приготовления).

Каждое определение стремится к предельной ясности, предлагая максимально полную информацию. Достижение данной цели идёт через определённую степень обобщения. Так называемый процесс абстрагирования должен вновь раскрыть значения вида в его совокупности.

Итак, для практического овладения видами мы предлагаем несколько иной путь. В данной работе мы, исходя из текста, отличаем парные глаголы от непарных по их значению, что способствует развитию чутья к восприятию вида.

А теперь рассмотрим те глаголы, значение которых ясно указывает на их единственно возможный вид.

Такие глаголы, как *петь — singen, смеяться — lachen, читать — lesen, бежать — laufen, гулять — spazieren gehen, жить — leben* употребляются только в несовершенном виде. Что именно объединяет эти глаголы? Они описывают процесс действия, который происходит в продолжение некоторого времени. Возьмём к примеру *я читаю — ich lese*. Некоторое время назад я начал читать, в данный момент ещё читаю и буду читать ещё в течение неопределённого времени. Мы находимся в центре действия и нам неважно, что было в начале действия и что будет в конце. Мы не зрители, а участники. Это также распространяется на глаголы состояния, такие как *стоять — stehen, спать — schlafen, сидеть — sitzen, лежать — liegen*. Поставим глагол *читать* в прошедшее время: *я читал — ich las, ich habe gelesen, ich hatte gelesen*. Прошедшее время несовершенного вида не обозначает «прошедшее» в смысле «прошло», значит, «совершено». Несовершенный вид ставит нас в центр прошедшего, но ещё совершающегося действия. Действие прошедшего времени представлено настоящим. Смысл вида на немецком может быть передан следующим образом: *ich war dabei zu lesen — я был/а в процессе чтения*.

В будущем времени *я буду читать — ich werde lesen* внимание фокусируется на процессе чтения, которое состоится в будущем. Задавая вопрос *Ты будешь читать? — Wirst du lesen?*, нас интересует само дей-

zukünftigen Prozess des Lesens gerichtet. Stellen wir die Frage *Ты бу́дешь чита́ть? —Wirst du lesen?* interessiert uns nur der Leseprozess selbst, unabhängig von Zeit und Raum.

Verben wie *засмея́ться — anfangen zu lachen, запла́кать — anfangen zu weinen, пойти́ — (los-)gehen* kommen nur im vollendeten Aspekt vor. Was haben nun diese Verben gemeinsam? Sie markieren den Beginn der Handlung.

Verben wie *посиде́ть — eine Zeit lang sitzen, поговори́ть — eine Zeit lang reden* sind auch unpaarig und kommen nur im vollendeten Aspekt vor. In der Übersetzung kommt deutlich zum Ausdruck, was diese beiden Verben von der Bedeutung her verbindet: Die Handlungen finden nur kurz statt, eine begrenzte Zeit.

Der vollendete Aspekt sieht die Handlung in ihrem zeitlichen Rahmen, er kann, wie unsere Beispiele zeigen, den Beginn und die begrenzte Dauer beschreiben wie auch das Ende einer Handlung und ihre einmalige Ausführung. Ein markanter Unterschied zum unvollendeten Aspekt besteht darin, dass vollendete Verben keine Gegenwart bilden können. *Я посижу́* heißt *ich werde kurz sitzen.* Die zeitliche Begrenzung einer Handlung – *kurz, eine Zeit lang* oder *ein wenig* – lässt sich mit dem offenen, nicht begrenzten Verlauf der Gegenwart nicht vereinbaren.

Nun wollen wir bei einem paarigen Verb den Unterschied zwischen dem vollendeten und unvollendeten Aspekt betrachten. Ein immer wieder angeführtes Beispiel ist das Aspektpaar *умира́ть/умере́ть — sterben,* da die deutsche Übersetzung den Aspektunterschied deutlich ausdrücken kann: *im Sterben liegen* (gemeint ist die Zeitspanne bis zum Sterben) steht *sterben* (gemeint ist der Zeitpunkt des Ablebens) gegenüber. Setzen wir das Beispiel in die Vergangenheit, so wird der Unterschied noch deutlicher. *Он умира́л — er lag im Sterben, он у́мер — er starb.* In der Zukunft mit der vollendeten Form *Ich sterbe gleich vor Lachen — я умру́ от сме́ха* ist der Endpunkt im Blick. *Когда́ я бу́ду расска́зывать э́ту смешну́ю исто́рию, все бу́дут умира́ть от сме́ха. — Wenn ich diese lustige Geschichte erzähle, werden sich alle vor Lachen biegen.* Bei diesem Beispiel ist der länger andauernde Prozess in der Zukunft von ausschlaggebender Bedeutung.

Kehren wir nun zu unserem Ausgangsbeispiel zurück: *Haben Sie schon vom Aspekt gehört? слышать — hören* ist ein Verb, das den unpaarigen unvollendeten Verben zugeordnet wird, da der Prozess des Hörens ohne Augenmerk auf eine zeitliche Begrenzung abläuft. Daher verwenden wir in

ствие, в независимости от времени и места.

Такие глаголы как *засмеяться — anfangen zu lachen, заплакать — anfangen zu weinen, пойти — (los-)gehen* употребляются только в совершенном виде. Что же объединяет эти глаголы? Они указывают на возникновение действия.

Глаголы же *посидеть — eine Zeit lang sitzen, поговорить — eine Zeit lang reden* являются непарными и употребляются также только в совершенном виде. Перевод на немецкий язык чётко показывает, какое именно значение объединяет эти глаголы: действие длится на протяжении короткого и ограниченного времени.

Совершенный вид представляет действие в определённых временных рамках, указывает на начало и на конец, на ограниченность или на однократность действия. Ярким отличием совершенного вида от несовершенного является отсутствие настоящего времени.

К примеру, словосочетание *я посижу* указывает на будущее время. Ведь такие категории ограниченности времени как — *недолго, некоторое время, немного* не имеют ничего общего с настоящим временем.

Рассмотрим различие между совершенным и несовершенным видами, используя употребление одного парного глагола. Выбранный нами пример *умирать/умереть — sterben* используется часто, так как в этом случае при переводе на немецкий язык легко передаётся смысл: *умирать — im Sterben liegen, умереть — sterben.* Употребление этого глагола в прошедшем времени ещё ярче подчёркивает разницу между видами: *Он умирал — er lag im Sterben, он умер — er starb.* В будущем времени совершенного вида *Ich sterbe gleich vor Lachen — я умру от смеха.* подразумевается конец действия. *Когда я буду рассказывать эту смешную историю, все будут умирать от смеха. — Wenn ich diese lustige Geschichte erzähle, werden sich alle vor Lachen biegen.* Здесь значимым является будущее действие в его продолжительности.

Вернёмся к нашему исходному примеру: *Haben Sie schon vom Aspekt gehört? Hören* является непарным глаголом несовершенного вида, так как сам процесс действия происходит вне рамок времени. Поэтому в переводе употребляется несовершенный вид: *Вы уже слышали о виде?* Значение глагола *слышать* влияет на возможность образования парности и непарности глаголов.

E

der Übersetzung den unvollendeten Aspekt: *Вы уже́ слы́шали о ви́де?*

Die Bedeutung des Verbs *слы́шать* hat entscheidenden Einfluss auf die Tatsache, ob ein Paar gebildet wird.

Das bestätigt Schelesnikers Definition des Aspekts.

Этот факт подтверждает Шелезникер, давая следующее определение вида.

> Darunter [unter dem Aspekt] versteht man die Art und Weise der Darstellung eines durch die Verbsemantik vorgegebenen Handlungsvorganges aus der Sicht des Sprechers, wobei der Vorgang als »Verlauf« oder als »Ereignis« dargestellt werden kann. [Schelesniker: S. 17]
>
> Под ви́дом подразумева́ется спо́соб изображе́ния де́йствия, кото́рое определя́ется сема́нтикой глаго́ла. При э́том, де́йствие, с то́чки зре́ния говоря́щего, мо́жет быть предста́влено как «проце́сс», так и как «собы́тие».

Da Verben mit mehreren Bedeutungen nicht ein einheitliches Aspektpaar bilden, sondern je nach Bedeutung unterschiedliche,[3] entsteht ein noch differenzierteres Bild. Bei der Darstellung des Aspektes in Lehrbüchern besteht die Gefahr, das System zu sehr zu vereinfachen, was in späterer Folge beim Lernen zu Problemen führt. Schon Isačenko weist darauf hin, dass es methodisch nicht haltbar ist, bei *учи́ть* nur *вы́учить* als vollendeten Aspekt zu sehen:

> Wir haben beim Verb учить mindestens folgende Bedeutungen zu unterscheiden:
>
> 1. учи́ть (дете́й а́збуке) ›etwas beibringen‹
> 2. учи́ть (уро́к) ›lernen‹
> 3. учи́ть (в шко́ле) ›unterrichten‹
> 4. учи́ть ›lehren‹
>
> Nur die ersten zwei Bedeutungen des Verbs учи́ть lassen eine »Perfektivierung« zu, vgl. учи́ть дете́й а́збуке und учи́ть уро́к. Nun sind aber die perfektiven Verben на́учить (кого́-л.) und вы́учить (что́-л.) keineswegs echte Aspektpartner des Simplex учи́ть, denn sie drücken – neben der grammatischen Allgemeinbedeutung des perfektiven Aspekts – auch noch die »Erreichung eines Resultats« aus. [Isačenko: S. 364]

Вы́учить hat einen echten Aspektpartner, der durch Suffigierung gebildet wird: *выу́чивать*. Sowohl *вы́учить* als auch *выу́чивать* haben das bedeutungsverändernde Präfix *вы-*, sodass der unvollendete und vollendete Aspekt wirklich bedeutungsgleich sind. So ergibt sich folgendes Bild:

Многозначные глаголы, в зависимости от их значения, образуют различные видовые пары[3], что расширяет горизонт восприятия. При объяснении вида легко прийти к упрощению, что влечёт за собой проблемы в дальнейшем процессе изучения. Уже Исаченко указывал на несостоятельность методики видового соединение глагола *учить* только с глаголом *выучить*:

> Глагол учить имеет как минимум четыре значения:
>
> 1. учить (детей азбуке) ‹etwas beibringen›
> 2. учить (урок) ‹lernen›
> 3. учить (в школе) ‹unterrichten›
> 4. учить ‹lehren›
>
> Только первые два значения глагола ‹учить› допускают «перфективизацию», ср. ‹учить детей азбуке› и ‹учить урок›. Но глаголы совершенного вида ‹научить (кого-л.)› и ‹выучить (что-л.)› не являются настоящими партнёрами глагола ‹учить)›, так как помимо грамматически общего значения совершенного вида они выражают и значение «достижения результата». [Исаченко: С. 364]

У глагола *выучить* есть настоящий видовой партнёр, который образуется с помощью суффикса: *выучивать*. И глагол *выучить* и глагол *выучивать* имеют словоизменяемую приставку *вы-*, что придаёт им одинаковое лексическое значение в совершенном и несовершенном

3 § 1390. Es gibt eine große Anzahl von mehrdeutigen Verben, deren Aspektpaare nicht die Gesamtbedeutung des Verbs betreffen, sondern nur ihre einzelnen Bedeutungen.

3 § 1390. Существует большое количество многозначных глаголов, у которых видовые пары представляют собой противопоставление не глаголов в целом, а отдельных их значений.

учи́ть — вы́учить kein hundertprozentiges Aspektpaar
вы́учивать — вы́учить ein hundertprozentiges Aspektpaar.

Zu *научи́ть* wird jedoch kein unvollendeter Aspekt gebildet, denn **нау́чивать* gibt es nicht.

Wie wir sehen, beeinflusst die Grundbedeutung des Verbs die Aspektbildung. Die grammatische Seite des Aspekts und die Wortbildung sind so stark miteinander verwoben, dass man beim Lernen von Anfang an beide berücksichtigen sollte. Daher werden in diesem Buch die Verben im Textzusammenhang vorgestellt, der die jeweils passende Bedeutung bestimmt.

Anleitung zu den Übungen »Man nehme ...«

Bei der Auswahl des Verbs sind verschiedene Denkschritte miteinander verknüpft. Diese reichen von der Wahl des richtigen Verbs über die Entscheidung für einen der Aspekte aufgrund des Kontextes bis zur Bildung der richtigen morphologischen Form. Das sind Denkschritte, die zu Beginn nacheinander gemacht werden, was das Tempo beim Üben verlangsamt, sodass man nicht richtig in Schwung kommen kann.

Daher üben Sie hier die einzelnen Schritte getrennt. Vorerst lesen Sie nur einen Text, dann betrachten Sie ihn unter verschiedenen Gesichtspunkten, bis Sie wissen, wie er funktioniert. Sie durchleuchten und analysieren ihn, bis Sie in der letzten Übung den Lernerfolg testen können.

Beim *ersten Textverstehen* handelt es sich um eine einfache Leseübung, die nur auf das Textverständnis ausgerichtet ist. Versuchen Sie die Bedeutung der Verben im Kontext zu erfassen. Bei Aspektübungen mit isolierten Sätzen haben Sie sich vielleicht schon die Frage gestellt: »Könnte man das nicht auch anders verstehen und daher den anderen Aspekt verwenden?« Der Textzusammenhang befreit Sie in den meisten Fällen von diesen Zweifeln. Das kann nur funktionieren, wenn der Text verstanden wird, damit Sie sich auf die Verben und ihre Bedeutung im Text konzentrieren können. Dieser Vorentlastung dient also das *erste Textverstehen*.

видах. Из этого следует, что:
учить — выучить не стопроцентная видовая пара
выучивать — выучить стопроцентная видовая пара

При этом несовершенного вида глагола *научить* т. е. **научивать* не существует.

Как мы видим, основное лексическое значение глагола оказывает влияние на видовое образование. Грамматическая сторона вида и словообразование настолько взаимодействуют, что это нужно учитывать изначально. Поэтому, предлагаемые в данной книге глаголы, связаны контекстом, который указывает на подходящее значение.

«Взять...»

Употребление глаголов связано с разнообразными мыслительными шагами. Они охватывают и выбор правильного глагольного вида на основании контекста, и образование правильной морфологической формы глагола. Эти шаги в начале работы должны быть поступательными, что замедляет темп в процессе упражнений. Поэтому не сразу удаётся достигнуть беглости.

Итак, Вы изучаете употребление глаголов шаг за шагом. Первая задача — прочтение текста. Затем, при тщательном и последовательном рассмотрении текста с различных сторон, можно получить значимую информацию. Вы обдумываете и анализируете его до тех пор, пока заключительное упражнение не укажет на определённые успехи.

Первое знакомство с текстом — это простое чтение с пониманием 1.
смысла. Попробуйте понять значение глаголов в контексте. Работая с отдельными предложениями, не связанными канвой текста, Вы, наверняка, уже задавали себе вопрос: «Возможна ли иная интерпретация предложения? Если да, то можно ли употребить и другой вид?» Смысловая канва текста освобождает от этих сомнений. Это правило срабатывает, если текст Вам знаком и можно обратить своё внимание непосредственно на глаголы. *Первое знакомство с текстом* облегчает дальнейший процесс.

Его фотографии можно встретить в газетах, то он сидит среди товарищей по профессии, то ещё с кем-нибудь. С годами Костя изменился, это понятно, [...]

treffen	встреча́ть	встре́тить
sitzen	сиде́ть	Ø
sich verändern	изменя́ться	измени́ться

2. Der zweite Schritt ist eine Textanalyse mit drei Übungsschritten. Die Verben sind farblich unterlegt: gelb für den unvollendeten Aspekt bzw. blau für den vollendeten. Sie sehen also genau, in welchem Aspekt das jeweilige Verb verwendet wird. Dieser Farbcode wird Sie das ganze Buch hindurch begleiten. Wie können Sie nun den Text analysieren? Konzentrieren Sie sich nur auf den Verbalaspekt. Dabei ist die Farbe hilfreich.

• Begründen Sie, warum welcher Aspekt im jeweiligen Kontext verwendet wird. Kann auch ein anderer Aspekt eingesetzt werden? Was passiert dann mit dem Text?

• Überlegen Sie sich, ob die Verben gemäß ihrer Bedeutung im Text Paare bilden können oder nicht. Beachten Sie, dass manche Verben je nach Kontext verschiedene Bedeutungen haben und daher unterschiedliche Paare bilden.

• Lernen Sie die Infinitive der Ihnen noch unbekannten Verben.

Die Reihenfolge der Übungsschritte ist natürlich beliebig.

Второй шаг — текстовой анализ. Он предлагает три упражнения. Глаголы выделены цветами: жёлтый цвет указывает на несовершенный вид, а голубой — на совершенный. Таким образом легко увидеть, в каком виде глагол употреблён. Эта цветовая маркировка будет сопровождать Вас на протяжении всей книги. Как лучше анализировать текст? Сосредоточьтесь только на употреблении видов. Цветовое оформление Вам поможет.

• Определите для себя почему, какой вид, в каком контексте употреблён. Можно ли употребить и другой вид? Что в таком случае произойдёт с текстом?

• Подумайте, образуют эти глаголы в данном значении пары или нет. Будьте внимательны! Некоторые глаголы, в зависимости от контекста, имеют разные значения и, следовательно, образуют разные пары.

• Познакомьтесь с неопределёнными формами незнакомых Вам глаголов. Последовательность выполнения упражнений — по Вашему желанию.

3.

e-Konjugation -ю (-у), -ешь, -ет, -ем, -ете, -ют (-ут) -ю́ (-у́), -ёшь, -ёт, -ём, -ёте, -ю́т (-у́т)		**i-Konjugation** -у (-ю), -ишь, -ит, -им, -ите, -ат (-ят)		
встреча́ть ◄···· **изменя́ться** ◄····	····	····►	**встре́тить** встречу́, встре́тишь **измени́ться** -еню́сь, -е́нишься	treffen sich (ver-)ändern
Verben, die gemäß ihrer Grundbedeutung nur in einem der beiden Aspekte vorkommen				
		сиде́ть сижу́, сиди́шь		sitzen

Beim dritten Schritt hilft Ihnen eine Verbtabelle. Sie sieht auf den ersten Blick trocken aus. Wie kann man die Tabelle verwenden, um das Lernen mit etwas Leben zu füllen? Die Aufgabe ist klar: Wiederholen Sie die Verben in

Третий шаг предлагает Вам глагольную таблицу. Она Вам на первый взгляд покажется «сухой». Как же её использовать, наполняя жизнью? Задача проста. Повторяйте глаголы во всех основных формах. Глаголь-

allen wichtigen Formen. Die Verbtabelle hilft Ihnen bei der Bildung von Formen, die in den Texten nicht vorkommen. Das klingt nicht sehr spannend – ist es auch nicht. Sie werden vielleicht bemerkt haben, dass Sie bestimmte Verben schwerer lernen als andere. Teilen Sie also die Verben nach eigenen Kriterien ein. Ein Apfel wird schließlich auch nicht als Ganzes verschlungen, sondern in kleinen Bissen. Wo sie zuerst »abbeißen«, bleibt Ihnen überlassen. Hier folgen ein paar Anregungen, wo Sie zuerst hineinbeißen können:

• Beginnen Sie zum Beispiel mit den »gedächtnisresistenten« Formen, da Sie diese länger wiederholen müssen, um sie zu beherrschen.

• Lernen Sie im ersten Schritt nur Verben der e- oder der i-Konjugation.

• Nehmen Sie sich alle Präsensformen vor, danach alle Futurformen oder auch umgekehrt.

• Schreiben Sie einzelne Verben und ihr Paradigma heraus, wenn Sie merken, dass Ihnen das hilft. Vielleicht sind Sie auch der Lerntyp, der bei manchen Verben einen Merkzettel für die Pinnwand braucht, und Sie wussten bisher nichts davon.

• Sie können die Verben natürlich auch wiederholen, indem sie noch einmal zum Ausgangstext zurückgehen und sich von der dort verwendeten Form ausgehend die restlichen in Erinnerung rufen.

Kurz: Experimentieren Sie und machen Sie sich die Verbtabelle schmackhaft. Dieser Lernteil ist sozusagen das Einmaleins des Verbs. Ohne diese Kenntnisse macht das »Rechnen« keinen Spaß.

ная таблица поможет Вам образовать формы, которых в тексте нет. Эта перспектива покажется Вам не очень увлекательной — так оно и есть. Вы, вероятно, замечали, что одни глаголы усвоить сложнее, чем другие. Разгруппируйте глаголы по своим собственным критериям. Вы проглатываете яблоко не целиком, а по кусочкам. Какая часть будет откушена первой, это дело Вашего вкуса. Вот небольшие рекомендации, которые укажут на первое самое аппетитное место.

• Начните, например, с более трудно запоминаемых форм. Чтобы их выучить, Вам понадобится больше времени.

• Или начните с изучения глаголов первого или второго спряжения.

• Задайтесь целью выучить все формы настоящего времени, а затем будущего или наоборот.

• Выпишите отдельные глаголы и их парадигмы, если Вы замечаете, что это помогает. Может быть, Вы относитесь к такому типу учащихся, которым нравится выносить выбранные глаголы на доску заметок, и Вы до сих пор об этом не знали…

• Вы можете также повторить глаголы, возвращаясь к первоначальному варианту текста. Глагольные формы, встречающиеся в тексте, являются исходными для последующих.

Короче говоря, экспериментируйте! Сделайте Вашу таблицу «приятной на вкус»! Она ведь является так называемой таблицей умножения. Без этих знаний «математика» не в удовольствие.

Его фотографии можно ______ в газетах, то он ______ среди товарищей по профессии, то ещё с кем-нибудь. С годами Костя ______, это понятно, […]	treffen, sitzt hat sich verändert	Его фотографии можно встретить в газетах, то он сидит среди товарищей по профессии, то ещё с кем-нибудь. С годами Костя изменился, это понятно, […]

4.

Wenn Sie die Verben mit der Verbtabelle gut durchgekaut haben, können Sie zum Aspekträtsel übergehen.

Nehmen Sie ein Blatt Papier und decken Sie den linken Teil der Seite an der rechten punktierten Linie ab, sodass auch die mittlere Spalte mit den deutschen Übersetzungen nicht zu sehen ist. Lesen Sie die »grünen« Verben und überlegen Sie sich, um welchen Aspekt es sich handelt bzw. um welche Zeitform.

Das Aspekträtsel kann auch umgekehrt gelöst werden: Verdecken Sie nur den rechten Text mit den grün markierten Verben. Sie haben hier bei der Aspektwahl noch die Unterstützung der Farben.

Когда глаголы таблицы будут хорошо «разжёваны», Вы можете перейти к видовым ребусам.

Возьмите лист бумаги и расположите его с левой стороны до пунктирной линии справа, чтобы не видеть средней части с немецким переводом. Читайте «зелёные» глаголы и думайте, в каком виде и времени они употреблены.

Видовой ребус можно разгадывать иначе. Накройте только правую часть текста с глаголами зелёного цвета. При определении вида Вам поможет цветовой фон.

E

Tipp: Wenn Sie Ihre Lösung nicht in das Buch eintragen, sondern auf das Blatt, mit dem Sie die Lösung abdecken, können Sie diese und die folgende Übung auch wiederholen.

Рекомендация: Если Вы не вписываете ответы в текст, то Вы можете вновь и вновь возвращаться к нему и к следующему упражнению.

5.

Его фотографии можно .... *(antreffen)* в газетах, то он .... *(sitzt)* среди товарищей по профессии, то ещё с кем-нибудь. С годами Костя .... *(hat sich verändert)*, это понятно, […]	сидит	встретить изменился

Erst die letzte Übung ist ein klassischer Lückentext, wie Sie ihn sicher gut kennen. Er dient Ihnen zur Überprüfung Ihres Wissens. Wenn diese Übung noch langsam oder stockend geht und Sie sich noch oft irren, gehen Sie zum entsprechenden Schritt zurück.

Sie können diese Übung auch dazu verwenden, um sich einzustufen, denn die Schwierigkeit der Übungen wird von Text zu Text erhöht.

Vergessen Sie nicht, die Lösung abzudecken, denn Schummeln gilt nicht!

Diese Übung kann ein Vergnügen sein, wenn Sie spüren, dass Sie an Tempo zugelegt haben und sich im Text frei bewegen. Bei späteren Wiederholungen können Sie sich bemühen, das Tempo noch zu steigern, bis Sie den Text flüssig lesen können.

Im zweiten Teil des Buches geht es beim Lesen um bewusstes Verstehen der Bedeutungsnuancen, die durch den Aspekt erzeugt werden. Dabei steht Ihnen die Übersetzung des gesamten Textes zur Verfügung. Beim Aspekträtsel finden Sie noch eine Übungsvariante:

Только заключительное упражнение — это классический текст с пропусками, что Вам хорошо известно. Оно поможет проверить знания. Если Вы работаете ещё медленно и чувствуете препятствия на пути, вернитесь к предыдущим шагам.

Вы можете использовать это упражнение как тест для определения своего уровня, ведь с каждым текстом сложность упражнений растёт.

Не забывайте прикрыть правильный ответ. Лучше не подглядывать!

Это упражнение может стать просто удовольствием, когда Вы почувствуйте, что темп растёт и Вы читаете текст уже свободно. Через некоторое время Вы можете возвращаться к нему, пока не достигнете беглости в чтении.

Во второй части книги, при чтении, основное внимание уделяется пониманию видовых значений. При этом к Вашим распоряжениям — перевод всего текста. Решая видовые ребусы, Вы обнаружите дополнительный вариант упражнений.

Vor einigen Tagen waren wir bei der Bestattung der jungen Frau unseres alten Postmeisters Sladkopercev. Nachdem wir die Schöne verscharrt hatten, begaben wir uns nach der Großväter und der Väter Sitte ins Postbüro zur Gedenkfeier.	Хоронили мы как-то на днях молоденькую жену старого почтмейстера Сладкоперцева. Закопавши красавицу, мы, по обычаю дедов и отцов, отправились в почтовое отделении «помянуть».

Vom Deutschen ausgehend, können Sie überlegen, welcher Aspekt im russischen Text verwendet wird.

Die aktive Anwendung der Verben in einem Lückentext entfällt im zweiten Teil des Buches.

Nach den Rezepten geht es nun, wie man so sagt, ans Eingemachte. Als Verdauungshilfe finden Sie in den grünen Kästchen Erkenntnisse aus der Neurobiologie zum Thema »Lernen und Gehirn« eingestreut.

Wir wünschen gutes Gelingen!

Анализируя немецкий текст, Вы можете предположить, какой вид использован в русском варианте.

Упражнений с активным употреблением глаголов, так называемых упражнений с пропусками, во второй части книги не предлагается.

После знакомства с рецептами пришло время заняться своего рода к «кашеварством». Для лучшего «переваривания пищи» предлагаются зелёные таблички с выводами из области нейробиологии.

Желаем удачи!

Es ist besser zwölf Zeilen eines Buches mit höchster Intensität zu durchdringen, wie gesagt werden kann, als wir lesen das ganze Buch wie der normale Leser, der am Ende das von ihm gelesene Buch genau so wenig kennt, wie ein Flugreisender die Landschaft, die er überfliegt.

Thomas Bernhard
»Alte Meister«

Лучше полностью проникнуться двенадцатью строчками и тем, как это лучше выразить, чем прочитать всю книгу глазами обычного читателя, который, закрыв последнюю страницу, знает о прочитанном столь же мало, как авиапассажир о ландшафте, над которым пролетает.

Томас Бернхард
«Старые мастера»

TEIL I

Aktives Aspektverstehen

Ко́стин де́душка

T

Ко́стя и его́ де́душка живу́т в ма́ленькой, но ую́тной кварти́ре на шесто́м этаже́. В до́ме нет ли́фта. Ко́стя уже́ хо́дит в шко́лу. В шко́ле то́же нет ли́фта, но, сла́ва бо́гу, в шко́ле то́лько три этажа́. Де́душка ста́рый-преста́рый, во́лосы и борода́ у него́ совсе́м седы́е. Он уже́ давно́ на пе́нсии. Из-за ста́рости он не по́мнит, куда́ он засу́нул ве́щи. По́сле того́, как Ко́стя сде́лает уро́ки, он обы́чно помога́ет де́душке найти́ его́ ве́щи.

— Ко́стя?!

— Да, де́душка.

— Ко́стя, где э́ти са́мые…, ну…

— Чего́?

— Ну, э́ти са́мые…, сам зна́ешь.

— Нет, не зна́ю. Что ты и́щешь?

— Ну да, э́ти са́мые а, а, а…

— Огурцы́?

— Нет.

— Апельси́ны?

— Да, нет. Заче́м мне огурцы́ нужны́! Апельси́ны, сам понима́ешь, сли́шком дороги́е.

— Откры́тки?

— Отку́да у меня́ откры́тки? Ну, где мои́ а… и тепе́рь сло́во не могу́ вспо́мнить. Ну, где же они́? То́лько что на столе́ лежа́ли. Взял газе́ту, а да́льше не по́мню.

— Твои́ очки́?

— Молоде́ц! Да, мои́ очки́. Где же они́?

— На твоём носу́.

— Эх, эх, хитре́ц! Я це́лый час иска́л очки́, а ты всё вре́мя води́л меня́ за́ нос.

ую́тный gemütlich
сла́ва бо́гу *[x]* Gott sei Dank
во́лос Haar, **борода́** Bart
седо́й grau, **из-за** wegen, **засу́нуть** *v* (hinein-)stecken, **вещь** *f* Sache

э́ти са́мые diese Dingsda

иска́ть *uv*

огуре́ц Gurke

апельси́н Orange

откры́тка Ansichtskarte
отку́да woher, **вспо́мнить** *v* sich erinnern
лежа́ть *uv* liegen, **взять** *v* nehmen, **по́мнить** *uv* sich erinnern, **очки́** Brille

хитре́ц Schlaufuchs, **води́ть** *uv* **за́ нос** an der Nase herumführen

Костин дедушка

Костя и его дедушка живут в маленькой, но уютной квартире на шестом этаже. В доме нет лифта. Костя уже ходит в школу. В школе тоже нет лифта, но, слава богу, в школе только три этажа. Дедушка старый-престарый, волосы и борода у него совсем седые. Он уже давно на пенсии. Из-за старости он не помнит, куда он засунул вещи. После того, как Костя сделает уроки, он обычно помогает дедушке найти его вещи.

— Костя?!

— Да, дедушка.

— Костя, где эти самые..., ну...

— Чего?

— Ну, эти самые..., сам знаешь.

— Нет, не знаю. Что ты ищешь?

— Ну да, эти самые а, а, а...

— Огурцы?

— Нет.

— Апельсины?

— Да, нет. Зачем мне огурцы нужны! Апельсины, сам понимаешь, слишком дорогие.

— Открытки?

— Откуда у меня открытки? Ну, где мои а... и теперь слово не могу вспомнить. Ну, где же они? Только что на столе лежали. Взял газету, а дальше не помню.

— Твои очки?

— Молодец! Да, мои очки. Где же они?

— На твоём носу.

— Эх, эх, хитрец! Я целый час искал очки, а ты всё время водил меня за нос.

leben	жить	Ø
gehen *(unger.)*	ходи́ть	Ø
sich erinnern	по́мнить	Ø
(hinein-)stecken	засо́вывать	засу́нуть
machen	де́лать	сде́лать
helfen	помога́ть	помо́чь
finden	находи́ть	найти́
wissen	знать	Ø
suchen	иска́ть	Ø
verstehen	понима́ть	поня́ть
können	*мочь	*смочь
sich erinnern, einfallen	вспомина́ть	вспо́мнить
liegen	лежа́ть	Ø
nehmen	брать	взять
führen *(unger.)*	води́ть	Ø

A

* Verben, die Aspektpaare mit nur leichten Bedeutungsunterschieden bilden, sind mit einem Stern gekennzeichnet. Ihre Zuordenbarkeit ist in der Literatur nicht einheitlich. Hier empfiehlt es sich, die Bedeutungsnuancen der einzelnen Aspektpartner genauer zu studieren und sich gegebenenfalls eine eigene Zuordnung zu erarbeiten, die Ihnen persönlich eine richtige Verwendung der Verben ermöglicht.

Глаголы, видовые пары которых несколько отличаются друг от друга по семантике, помечены значком *. В литературе отсутствует единый взгляд на формирование видовых пар. Поэтому мы рекомендуем тщательно рассматривать все нюансы допустимых значений и при необходимости принимать собственное решение, которое поможет правильно использовать вид.

e-Konjugation -ю (-у), -ешь, -ет, -ем, -ете, -ют (-ут) -ю́ (-у́), -ёшь, -ёт, -ём, -ёте, -ю́т (-у́т)		**i-Konjugation** -ю (-у), -ишь, -ит, -им, -ите, -ят (-ат)		
помога́ть ◄·····► **понима́ть** ◄·····► **брать** беру́, берёшь ◄·····► **де́лать** ◄·····► ***мочь** могу́, мо́жешь ◄·····► **засо́вывать** ◄·····►	**помо́чь** помогу́, помо́жешь **поня́ть** пойму́, поймёшь **взять** возьму́, возьмёшь **сде́лать** ***смочь** смогу́, смо́жешь **засу́нуть** засу́ну, засу́нешь			helfen verstehen nehmen machen können (hinein-)stecken
вспомина́ть ◄·····	·····	·····►	**вспо́мнить**	sich erinnern, einfallen
Verben, die gemäß ihrer Grundbedeutung nur in einem der beiden Aspekte vorkommen				
жить живу́, живёшь **знать** **иска́ть** ищу́, и́щешь		**ходи́ть** хожу́, хо́дишь **по́мнить** **лежа́ть** лежу́, лежи́шь **води́ть** вожу́, во́дишь		leben wissen, kennen suchen gehen *(unger.)* sich erinnern liegen führen *(unger.)*

V

Üben Sie die Präsensformen.

• Übersetzen Sie die deutschen Verbformen ins Russische. Verdecken Sie dabei die Lösungen ab Linie 1.

• Ordnen Sie das Verb der e- oder i-Konjugation zu. Verdecken Sie nun die Lösungen rechts von Linie 2.

• Bilden Sie die 3. Person Pl. im Präsens. Verdecken Sie die Lösungen ab Linie 3, 2 oder 1.

• Kennen Sie den Infinitiv? Wählen Sie, ob Sie die Lösungen ab Linie 4, 2 oder 1 verdecken wollen.

	1. Pers. Sg. Präsens	e	i	3. Pers. Pl. Präsens	Infinitiv *uv*
	1 — 2			3	4
ich weiß, ich kenne	я знаю	e		они знают	знать
ich nehme	я беру	e		они берут	брать
ich verstehe	я понимаю	e		они понимают	понимать
ich gehe *(unger.)*	я хожу		i	они хо**дят**	ходить
ich mache	я делаю	e		они делают	делать
ich suche	я ищу	e		они ищут	искать
ich lebe	я живу	e		они живут	жить
ich erinnere mich	я помню		i	они помн**ят**	помнить
ich kann	я могу	e		они могут	мочь
ich liege	я лежу		i	они лежат	лежать
ich finde	я нахожу		i	они нахо**дят**	находить
es fällt mir ein, ich erinnere mich	я вспоминаю	e		они вспоминают	вспоминать
ich führe *(unger.)*	я вожу		i	они во**дят**	водить

Üben Sie die Futurformen im vollendeten Aspekt.

Sie können wie oben alle vier Übungsvarianten machen oder auch einzelne auswählen.

Wenn Sie wollen, können Sie die Verbformen auch auf einem Extrablatt schriftlich üben.

	1. Pers. Sg. Futur *v*	e	i	3. Pers. Pl. Futur *v*	Infinitiv *v*
	1 — 2			3	4
ich werde machen	я сделаю	e		они сделают	сделать
ich werde nehmen	я возьму	e		они возьмут	взять
ich werde verstehen	я пойму	e		они поймут	понять
ich werde können	я смогу	e		они смогут	смочь
ich werde finden	я найду	e		они найдут	найти
ich werde helfen	я помогу	e		они помогут	помочь
ich werde (hinein-)stecken	я засуну	e		они засунут	засунуть
es wird mir einfallen	я вспомню		i	они вспомн**ят**	вспомнить

Üben Sie das Futur im unvollendeten und vollendeten Aspekt.		2. Pers. Sg. Futur *uv*	2. Pers. Sg. Futur *v*	Infinitiv *v*
		1	2	3
• Übersetzen Sie die deutschen Verbformen ins unvollendete Futur. Verdecken Sie dabei die Lösungen ab Linie 1.	du wirst wissen	ты будешь знать	Ø	Ø
	du wirst nehmen	ты будешь брать	ты возьмёшь	взять
	du wirst verstehen	ты будешь понимать	ты поймёшь	понять
	du wirst gehen *(unger.)*	ты будешь идти	Ø	Ø
• Bilden Sie, falls möglich, die 2. Person Singular im vollendeten Futur. Verdecken Sie die Lösungen ab Linie 2.	du wirst machen	ты будешь делать	ты сделаешь	сделать
	du wirst suchen	ты будешь искать	Ø	Ø
	du wirst leben	ты будешь жить	Ø	Ø
	du wirst dich erinnern	ты будешь помнить	Ø	Ø
• Kennen Sie, sofern vorhanden, den Infinitiv vom vollendeten Aspekt? Verdecken Sie die Lösungen ab Linie 3.	du wirst liegen	ты будешь лежать	Ø	Ø
	du wirst finden	ты будешь находить	ты найдёшь	найти
	es wird dir einfallen	ты будешь вспоминать	ты вспомнишь	вспомнить
	du wirst führen *(unger.)*	ты будешь водить	Ø	Ø

Üben Sie die Verben im Präsens und im vollendeten Futur.		2. Pers. Pl. Präsens		3. Pers. Pl. Futur *v*	
			1		2
• Bilden Sie die 2. Person Plural im Präsens. Verdecken Sie dabei die Lösungen ab Linie 1.	tun	....	вы делаете	....	они сделают
	suchen	....	вы ищете	....	Ø
	leben	....	вы живёте	....	Ø
• Bilden Sie die 3. Person des vollendeten Futurs. Verdecken Sie die Lösungen ab Linie 2.	helfen	....	вы помогаете	....	они помогут
	sich erinnern	....	вы помните	....	Ø
	nehmen	....	вы берёте	....	они возьмут
• Wenn Sie wollen, können Sie die Formen auch schriftlich üben.	wissen	....	вы знаете	....	Ø
	liegen	....	вы лежите	....	Ø
	verstehen	....	вы понимаете	....	они поймут
	können	....	вы можете	....	они смогут

Костин дедушка

Костя и его дедушка ___ в маленькой, но уютной квартире на шестом этаже. В доме нет лифта. Костя уже ___ в школу. В школе тоже нет лифта, но, слава богу, в школе только три этажа. Дедушка старый-престарый, волосы и борода у него совсем седые. Он уже давно на пенсии. Из-за старости он не ___ куда он ___ вещи. После того, как Костя ___ уроки, он обычно ___ дедушке ___ его вещи.

— Костя?!

— Да, дедушка.

— Костя, где эти самые…, ну…

— Чего?

— Ну, эти самые…, сам ___.

— Нет, не знаю. Что ты ___?

— Ну да, эти самые а, а, а…

— Огурцы?

— Нет.

— Апельсины?

— Да, нет. Зачем мне огурцы нужны! Апельсины, сам ___, слишком дорогие.

— Открытки?

— Откуда у меня открытки? Ну, где мои а… и теперь слово не ___ ___. Ну, где же они? Только что на столе ___. ___ газету, а дальше не ___.

— Твои очки?

— Молодец! Да, мои очки. Где же они?

— На твоём носу.

— Эх, эх, хитрец! Я целый час ___ очки, а ты всё время ___ меня за нос.

sie leben

er geht

er erinnert sich, er steckte

er wird gemacht haben

hilft zu finden

du weißt

du suchst

du verstehst

ich kann, mich erinnern

sie liegen, ich nahm, ich erinnere mich

ich habe gesucht

du führtest

Костин дедушка

Костя и его дедушка живут в маленькой, но уютной квартире на шестом этаже. В доме нет лифта. Костя уже ходит в школу. В школе тоже нет лифта, но, слава богу, в школе только три этажа. Дедушка старый-престарый, волосы и борода у него совсем седые. Он уже давно на пенсии. Из-за старости он не помнит, куда он засунул вещи. После того, как Костя сделает уроки, он обычно помогает дедушке найти его вещи.

— Костя?!

— Да, дедушка.

— Костя, где эти самые…, ну…

— Чего?

— Ну, эти самые…, сам знаешь.

— Нет, не знаю. Что ты ищешь?

— Ну да, эти самые а, а, а…

— Огурцы?

— Нет.

— Апельсины?

— Да, нет. Зачем мне огурцы нужны! Апельсины, сам понимаешь, слишком дорогие.

— Открытки?

— Откуда у меня открытки? Ну, где мои а… и теперь слово не могу вспомнить. Ну, где же они? Только что на столе лежали. Взял газету, а дальше не помню.

— Твои очки?

— Молодец! Да, мои очки. Где же они?

— На твоём носу.

— Эх, эх, хитрец! Я целый час искал очки, а ты всё время водил меня за нос.

R

Костин дедушка

Костя и его дедушка .... *(sie leben)* в маленькой, но уютной квартире на шестом этаже. В доме нет лифта. Костя уже .... *(er geht)* в школу. В школе тоже нет лифта, но, слава богу, в школе только три этажа. Дедушка старый-престарый, волосы и борода у него совсем седые. Он уже давно на пенсии. Из-за старости он не .... *(erinnert sich)*, куда он .... *(steckte hinein)* вещи. После того, как Костя .... *(gemacht hat)* уроки, он обычно .... *(hilft)* дедушке .... *(zu finden)* его вещи.

— Костя?!

— Да, дедушка.

— Костя, где эти самые..., ну...

— Чего?

— Ну, эти самые..., сам .... *(du weißt)*.

— Нет, не знаю. Что ты .... *(suchst du)*?

— Ну да, эти самые а, а, а...

— Огурцы?

— Нет.

— Апельсины?

— Да, нет. Зачем мне огурцы нужны! Апельсины, сам .... *(verstehst)*, слишком дорогие.

— Открытки?

— Откуда у меня открытки? Ну, где мои а ... и теперь слово не .... *(kann)* .... *(mich erinnern)*. Ну, где же они? Только что на столе .... *(lagen)*. .... *(ich nahm)* газету, а дальше не .... *(erinnere mich)*.

— Твои очки?

— Молодец! Да, мои очки. Где же они?

— На твоём носу.

— Эх, эх, хитрец! Я целый час .... *(suchte)* очки, а ты всё время .... *(führte)* меня за нос.

живут
ходит

помнит
помогает

знаешь
ищешь

понимаешь

могу
лежали
помню

искал
водил

засунул
сделает
найти

вспомнить
взял

Ва́ня-наха́л

Ва́нина шко́ла нахо́дится почти́ в це́нтре Москвы́. Поэ́тому Ва́ня по доро́ге в шко́лу ча́сто встреча́ет тури́стов. Хотя́ у мно́гих план го́рода в рука́х, они́ всё-таки не мо́гут найти́ достопримеча́тельности, что́бы их сфотографи́ровать.

Одна́жды оди́н неме́цкий тури́ст спроси́л у Ва́ни, как дойти́ до Кремля́. Ва́ня отве́тил вопро́сом на вопро́с:

— А что вам ну́жно в Кремле́?

— Я хочу́ там пофотографи́ровать.

— Там, в кио́ске, мо́жно купи́ть о́чень краси́вые откры́тки с ви́дами Кремля́ и всех други́х достопримеча́тельностей на́шего го́рода.

— Но на э́тих откры́тках нет моеи́ жены́! — отве́тил тури́ст.

— Наве́рно, э́то да́же и лу́чше, — сказа́л Ва́ня и бы́стро побежа́л в шко́лу.

Ва́нина шко́ла Vanjas Schule, **почти́** fast, **доро́га** der Weg
хотя́ obwohl, **рука́** Hand, **всё-таки** trotzdem
мочь *uv* können
одна́жды einst, einmal, **неме́цкий** deutsch, **дойти́** *v* gehen bis zu, gelangen
вам ну́жно Sie brauchen
купи́ть *v* kaufen, **вид** die Ansicht, **откры́тка** Ansichtskarte
достопримеча́тельность *f* Sehnswürdigkeit
лу́чше besser, **он побежа́ть** *v* (los-)laufen

Вопро́сы к те́ксту:

Вы всё по́няли? Объясни́те!
Всегда́ ли Кремль без же́нщин лу́чше?
Краси́вая ли жена́ у не́мца?
Почему́ Ва́ня побе́жал?
По́нял ли не́мец после́дние слова́ Ва́ни?
Вы не́мец?

ли Fragepartikel
после́дний der letzte, **сло́во** Wort
не́мец, *Gen* **не́мца** Deutscher

Ваня-нахал

Ванина школа находится почти в центре Москвы. Поэтому Ваня по дороге в школу часто встречает туристов. Хотя у многих план города в руках, они всё-таки не могут найти достопримечательности, чтобы их сфотографировать.

Однажды один немецкий турист спросил у Вани, как дойти до Кремля. Ваня ответил вопросом на вопрос:

— А что вам нужно в Кремле?

— Я хочу там пофотографировать.

— Там, в киоске, можно купить очень красивые открытки с видами Кремля и всех других достопримечательностей нашего города.

— Но на этих открытках нет моей жены! — ответил турист.

— Наверно, это даже и лучше, — сказал Ваня и быстро побежал в школу.

Вопросы к тексту:

Вы всё поняли? Объясните!

Всегда ли Кремль без женщин лучше?

Красивая ли жена у немца?

Почему Ваня побежал?

Понял ли немец последние слова Вани?

Вы немец?

sich befinden	находи́ться	найти́сь
treffen	встреча́ть	встре́тить
können	*мочь	*смочь
finden	находи́ть	найти́
fotografieren	фотографи́ровать	сфотографи́ровать
fragen	спра́шивать	спроси́ть
gelangen	доходи́ть	дойти
antworten	отвеча́ть	отве́тить
ein wenig fotografieren	Ø	пофотографи́ровать
kaufen	покупа́ть	купи́ть
sagen	говори́ть	сказа́ть
(los-)laufen	Ø	побежа́ть
verstehen	понима́ть	поня́ть
erklären	объясня́ть	объясни́ть

e-Konjugation -ю (-у), -ешь, -ет, -ем, -ете, -ют (-ут) -ю́ (-у́), -ёшь, -ёт, -ём, -ёте, -ю́т (-у́т)	i-Konjugation -ю (-у), -ишь, -ит, -им, -ите, -ят (-ат)		
поня́ть пойму́, поймёшь			verstehen
***смочь** смогу́, смо́жешь			können
сфотографи́ровать			fotografieren
········►	········►	**встре́тить** встре́чу, встре́тишь	treffen
········►	········►	**спроси́ть** спрошу́, спро́сишь	fragen
········►	········►	**отве́тить** отве́чу, отве́тишь	antworten
········►	········►	**купи́ть** куплю́, ку́пишь	kaufen
········►	········►	**объясни́ть**	erklären
найти́ найду́, найдёшь ◄····►	**находи́ть** нахожу́, нахо́дишь		finden
найти́сь найду́сь, найдёшься ◄····►	**находи́ться** нахожу́сь, нахо́дишься		sich befinden
дойти́ -йду́, -йдёшь ◄····►	**доходи́ть** -хожу́, -хо́дишь		gelangen, gehen bis
сказа́ть скажу́, ска́жешь ◄··►	**говори́ть**		sagen, sprechen, reden
пофотографи́ровать -и́рую, -и́руешь			ein wenig fotografieren
		побежа́ть -бегу́, -бежи́шь, -бегу́т	(los-)laufen, davonlaufen

Üben Sie die Vergangenheitsformen.

- Bilden Sie die 3. Pers. Sg. im Präteritum des unvollendeten Aspekts und verdecken Sie die Lösungen ab Linie 1. Wenn Sie wollen, können Sie den Infinitiv zu Hilfe nehmen und erst ab Linie 2 abdecken.
- Bilden Sie die 3. Pers. Pl. im Präteritum des vollendeten Aspekts und verdecken Sie die Lösungen ab Linie 3 oder 1.
- Kennen Sie alle Infinitive zu den vollendeten Vergangenheitsformen? Verdecken Sie die Lösungen ab Linie 4, 2 oder 1.
- Sie können auch von rechts nach links üben, d. h. Sie verdecken die linke Seite ab Linie 4 und bilden die entsprechenden Formen.

	1 Infinitiv *uv*	2 3. Pers. Sg. Prät. *uv*	3 3. Pers. Pl. Prät. *v*	4 Infinitiv *v*
treffen	встречать	он встречал	они встретили	встретить
antworten	отвечать	он отвечал	они ответили	ответить
erklären	объяснять	он объяснял	они объяснили	объяснить
fragen	спрашивать	он спрашивал	они спросили	спросить
kaufen	покупать	он покупал	они купили	купить
fotografieren	фотографировать	он фотографировал	они сфотографировали	сфотографировать
finden	находить	он находил	они нашли	найти
sagen, sprechen	говорить	он говорил	они сказали	сказать
verstehen	понимать	он понимал	они поняли	понять
können	мочь	он мог	они смогли	смочь
gehen bis	доходить	до доходил	они дошли	дойти
loslaufen	Ø	Ø	они побежали	побежать

Überprüfen Sie, ob Sie die Vergangenheitsformen sicher können.

- Bestimmen Sie den Aspekt des Verbs und verdecken Sie dabei die Lösung ab Linie 1.
- Kennen Sie den entsprechenden Infinitiv? Verdecken Sie die Lösung ab Linie 2.

	1	2	
он мог		мочь	
она сказала			сказать
они дошли			дойти
он фотографировал		фотографировать	
вы объясняли		объяснять	
она купила			купить
я встретил			встретить
я спросила			спросить
ты покупала		покупать	

	1	2	
мы ответили			ответить
они поняли			понять
она побежала			побежать
ты доходил		доходить	
он дошёл			дойти
ты нашла			найти
ты понимала		понимать	
она смогла			смочь
они могли		мочь	

Üben Sie das Futur im vollendeten Aspekt.		1. Pers Sg. Futur *v*	e	i	3. Pers Pl. Futur *v*	Infinitiv *v*
		1		2	3	4
• Wählen Sie beim Übersetzen das vollendete Futur. Verdecken Sie dabei die Lösungen ab Linie 1.	ich werde antworten	я отвечу		i	они ответят	ответить
	ich werde können	я смогу	e		они смогут	смочь
	ich werde verstehen	я пойму	e		они поймут	понять
• Ordnen Sie das Verb der e- oder i-Konjugation zu. Verdecken Sie nun die Lösungen rechts von Linie 2.	ich werde fragen	я спрошу		i	они спросят	спросить
• Bilden Sie die 3. Person Pl. im vollendeten Futur. Verdecken Sie die Lösungen ab Linie 3, 2 oder 1.	ich werde sagen	я скажу	e		они скажут	сказать
	ich werde finden	я найду	e		они найдут	найти
	ich werde treffen	я встречу		i	они встретят	встретить
• Kennen Sie den Infinitiv? Wählen Sie, ab welcher Linie Sie die Lösungen verdecken wollen.	ich werde kaufen	я куплю		i	они купят	купить

V

Üben Sie die Präsensformen und die vollendeten Futurformen.		1		2
	я куплю		....	ich werde kaufen
	ты встречаешь		....	du triffst
	он спросит		....	er wird fragen
• Bestimmen Sie den Aspekt. Verdecken Sie die Lösungen ab Linie 1.	мы спрашиваем		....	wir fragen
	я отвечу		....	ich werde antworten
• Übersetzen Sie die Verbformen ins Deutsche. Verdecken Sie die Lösungen ab Linie 2 oder 1.	они понимают		....	sie verstehen
	вы покупаете		....	ihr kauft
	я объясняю		....	ich erkläre
• Sie können die Übung auch umgekehrt machen, indem sie von den deutschen Verbformen ausgehen. Übersetzen Sie ins Präsens bzw. ins vollendete Futur.	ты ходишь		....	du gehst
	вы поймёте		....	ihr werdet verstehen
	ты встретишь		....	du wirst treffen
	я побегу		....	ich werde loslaufen
• Üben Sie die Formen auch schriftlich.	мы скажем		....	wir werden sagen
	они ответят		....	sie werden antworten
	они говорят		....	sie reden

Ваня-нахал

Ванина школа ______ почти в центре Москвы. Поэтому Ваня по дороге в школу часто ______ туристов. Хотя у многих план города в руках, они всё-таки не ______ ______ достопримечательности, чтобы их ______.

Однажды один немецкий турист ______ у Вани, как ______ до Кремля. Ваня ______ вопросом на вопрос:

— А что вам нужно в Кремле?

— Я хочу там ______.

— Там, в киоске, можно ______ очень красивые открытки с видами Кремля и всех других достопримечательностей нашего города.

— Но на этих открытках нет моей жены! — ______ турист.

— Наверно, это даже и лучше, — ______ Ваня и быстро ______ в школу.

Вопросы к тексту:

Вы всё ______? ______!
Всегда ли Кремль без женщин лучше?
Красивая ли жена у немца?
Почему Ваня ______?
______ ли немец последние слова Вани?
Вы немец?

sie befindet sich
er trifft
sie können, finden
zu fotografieren
er fragt
gelangen, er antwortete
ein wenig fotografieren
kaufen
er antwortete
er sagte
er lief
haben Sie verstanden, erklären Sie
er lief davon
hat er verstanden

R

Ваня-нахал

Ванина школа находится почти в центре Москвы. Поэтому Ваня по дороге в школу часто встречает туристов. Хотя у многих план города в руках, они всё-таки не могут найти достопримечательности, чтобы их сфотографировать.

Однажды один немецкий турист спросил у Вани, как дойти до Кремля. Ваня ответил вопросом на вопрос:

— А что вам нужно в Кремле?

— Я хочу там пофотографировать.

— Там, в киоске, можно купить очень красивые открытки с видами Кремля и всех других достопримечательностей нашего города.

— Но на этих открытках нет моей жены! — ответил турист.

— Наверно, это даже и лучше, — сказал Ваня и быстро побежал в школу.

Вопросы к тексту:

Вы всё поняли? Объясните!
Всегда ли Кремль без женщин лучше?
Красивая ли жена у немца?
Почему Ваня побежал?
Понял ли немец последние слова Вани?
Вы немец?

Ваня-нахал

Ванина школа .... *(befindet sich)* почти в центре Москвы. Поэтому Ваня по дороге в школу часто .... *(trifft)* туристов. Хотя у многих план города в руках, они всё-таки не .... *(können)* .... *(finden)* достопримечательности, чтобы их .... *(fotografieren)*.

Однажды один немецкий турист .... *(fragte)* у Вани, как .... *(gelangen)* до Кремля. Ваня .... *(antwortete)* вопросом на вопрос:

— А что вам нужно в Кремле?

— Я хочу там .... *(ein bisschen fotografieren)*.

— Там, в киоске, можно .... *(kaufen)* очень красивые открытки с видами Кремля и всех других достопримечательностей нашего города.

— Но на этих открытках нет моей жены! — .... *(antwortete)* турист.

— Наверно, это даже и лучше, — .... *(sagte)* Ваня и быстро .... *(lief)* в школу.

Вопросы к тексту:

Вы всё .... *(haben Sie verstanden)*? .... *(Erklären Sie)*!
Всегда ли Кремль без женщин лучше?
Красивая ли жена у немца?
Почему Ваня .... *(lief davon)*?
.... *(Hat verstanden)* ли немец последние слова Вани?
Вы немец?

находится
встречает
могут

найти
сфотографировать
спросил, дойти,
ответил

пофотографировать
купить

ответил

сказал
побежал

поняли, объясните

побежал
понял

Дя́дя Ва́ня и теа́тр

T

Дя́дя Ва́ня иска́л теа́тр. Он уви́дел пешехо́да и пошёл ему́ навстре́чу.
— Прости́те. Скажи́те, пожа́луйста, где городско́й теа́тр?
Пешехо́д вдохну́л во́здух, что́бы отве́тить, но дя́дя Ва́ня уже́ продолжа́л говори́ть.
— Зна́ете, теа́тр — э́то моя́ жизнь. С де́тства я мечта́ю о теа́тре, мечта́ю о том, как я стою́ на сце́не и деклами́рую «Дя́дю Ва́ню»: — «В таку́ю пого́ду хорошо́ пове́ситься.» Ну, скажи́те, пожа́луйста, где теа́тр?
Прохо́жий сно́ва глубоко́ вдохну́л, что́бы отве́тить, но дя́дя Ва́ня опя́ть уже́ говори́л.
— Мне бы́ло пять лет, когда́ я пе́рвый раз был в теа́тре. Ско́лько зри́телей бы́ло вокру́г меня́, така́я больша́я лю́стра висе́ла на́до мной, а како́й краси́вый, кра́сный, тяжёлый за́навес пе́редо мной! Скажи́те, у вас то́же тако́й краси́вый за́навес?
Пешехо́д бы́стро откры́л рот, но останови́ть дя́дю Ва́ню бы́ло нельзя́.
— Я, к сожале́нию, ни ра́зу не выступа́л. У меня́ не́ было тала́нта и вообще́, я ника́к не могу́ вы́учить текст наизу́сть. Го́лос у меня́ не годи́тся и вообще́ я некраси́вый. Да́же стати́стом меня́ не бра́ли, потому́ что я всегда́ забыва́л, что де́лать и куда́ идти́ на сце́не. Вот и тепе́рь не зна́ю, куда́ идти́. Ну, скажи́те, пожа́луйста, где теа́тр?
Пешехо́д вдохну́л во́здух в очередно́й раз и ло́пнул.

пешехо́д Fußgänger, **навстре́чу** entgegen

вдохну́ть *v* einatmen
мечта́ть *uv* (tag-)träumen
пове́ситься *v* sich erhängen

прохо́жий Passant, **глубоко́** tief

зри́тель Zuschauer
вокру́г + *Gen* um … herum
тяжёлый за́навес schwerer Theatervorhang
рот Mund, **останови́ть** *v* stoppen
выступа́ть *uv* auftreten
наизу́сть auswendig, **годи́ться** *uv unpers* passen

очередно́й раз weiteres Mal, **ло́пнуть** *v* platzen, reißen

Дядя Ваня и театр

Дядя Ваня искал театр. Он увидел пешехода и пошёл ему навстречу.

— Простите. Скажите, пожалуйста, где городской театр?

Пешеход вдохнул воздух, чтобы ответить, но дядя Ваня уже продолжал говорить.

— Знаете, театр — это моя жизнь. С детства я мечтаю о театре, мечтаю о том, как я стою на сцене и декламирую «Дядю Ваню»: — «В такую погоду хорошо повеситься.» Ну, скажите, пожалуйста, где театр?

Прохожий снова глубоко вдохнул, чтобы ответить, но дядя Ваня опять уже говорил.

— Мне было пять лет, когда я первый раз был в театре. Сколько зрителей было вокруг меня, такая большая люстра висела надо мной, а какой красивый, красный, тяжёлый занавес передо мной! Скажите, у вас тоже такой красивый занавес?

Пешеход быстро открыл рот, но остановить дядю Ваню было нельзя.

— Я, к сожалению, ни разу не выступал. У меня не было таланта и вообще, я никак не могу выучить текст наизусть. Голос у меня не годится и вообще я не красивый. Даже статистом меня не брали, потому что я всегда забывал, что делать и куда идти на сцене. Вот и теперь не знаю, куда идти. Ну, скажите, пожалуйста, где театр?

Пешеход вдохнул воздух в очередной раз и лопнул.

suchen	иска́ть	Ø
erblicken	*ви́деть	*уви́деть
gehen, losgehen	Ø	пойти́
einatmen	вдыха́ть	вдо́хнуть
antworten	отвеча́ть	отве́тить
fortsetzen	продолжа́ть	продо́лжить
sagen	говори́ть	сказа́ть
öffnen	открыва́ть	откры́ть
stoppen	остана́вливать	останови́ть
platzen	Ø	ло́пнуть

A

A

Дядя Ваня и театр

Дядя Ваня искал театр. Он увидел пешехода и пошёл ему навстречу.

— Простите. Скажите, пожалуйста, где городской театр?

Пешеход вдохнул воздух, чтобы ответить, но дядя Ваня уже продолжал говорить.

— Знаете, театр — это моя жизнь. С детства я мечтаю о театре, мечтаю о том, как я стою на сцене и декламирую «Дядю Ваню»: — «В такую погоду хорошо повеситься.» Ну, скажите, пожалуйста, где театр?

Прохожий снова глубоко вдохнул, чтобы ответить, но дядя Ваня опять уже говорил.

— Мне было пять лет, когда я первый раз был в театре. Сколько зрителей было вокруг меня, такая большая люстра висела надо мной, а какой красивый, красный, тяжёлый занавес передо мной! Скажите, у вас тоже такой красивый занавес?

Пешеход быстро открыл рот, но остановить дядю Ваню было нельзя.

— Я, к сожалению, ни разу не выступал. У меня не было таланта и вообще, я никак не могу выучить текст наизусть. Голос у меня не годится и вообще я не красивый. Даже статистом меня не брали, потому что я всегда забывал, что делать и куда идти на сцене. Вот и теперь не знаю, куда идти. Ну, скажите, пожалуйста, где театр?

Пешеход вдохнул воздух в очередной раз и лопнул.

Deutsch		
entschuldigen	проща́ть	прости́ть
wissen	знать	Ø
träumen	мечта́ть	Ø
stehen	стоя́ть	Ø
deklamieren	деклами́ровать	Ø
sich erhängen	Ø	пове́ситься
sein	быть	Ø
hängen	висе́ть	Ø
auftreten	выступа́ть	вы́ступить
können	*мочь	*смочь
auswendig lernen	выу́чивать	вы́учить
passen	годи́ться	Ø
nehmen	брать	взять
vergessen	забыва́ть	забы́ть
tun	де́лать	сде́лать
gehen	идти́	Ø

e-Konjugation -ю (-у), -ешь, -ет, -ем, -ете, -ют (-ут) -ю́ (-у́), -ёшь, -ёт, -ём, -ёте, -ю́т (-у́т)		i-Konjugation -ю (-у), -ишь, -ит, -им, -ите, -ят (-ат)		
вдыха́ть ◄·······► ***мочь** могу́, мо́жешь ◄·······► **открыва́ть** ◄·······► **брать** беру́, берёшь ◄·······► **де́лать** ◄·······► **забыва́ть** ◄·······►	**вдохну́ть** -ну́, -нёшь ***смочь** смогу́, смо́жешь **откры́ть** -кро́ю -кро́ешь **взять** возьму́, возьмёшь **сде́лать** **забы́ть** -бу́ду, -бу́дешь			einatmen können öffnen nehmen machen vergessen
		ви́деть ви́жу, ви́дишь ◄·······►	**уви́деть** уви́жу, уви́дишь	sehen, erblicken
проща́ть ◄······· **выступа́ть** ◄······· **отвеча́ть** ◄······· **остана́вливать** ◄······· **выу́чивать** ◄······· **продолжа́ть** ◄·······	······· ······· ······· ······· ······· ·······	·······► ·······► ·······► ·······► ·······► ·······►	**прости́ть** прощу́, прости́шь **вы́ступить** -ступлю, -ступишь **отве́тить** отве́чу, отве́тишь **останови́ть** остановлю́, остано́вишь **вы́учить** вы́учу, вы́учишь **продо́лжить**	entschuldigen auftreten antworten anhalten auswendig lernen fortfahren, fortsetzen
Verben, die gemäß ihrer Grundbedeutung nur in einem der beiden Aspekte vorkommen				
иска́ть ищу́, и́щешь **мечта́ть** **знать** **деклами́ровать** -ую, -уешь	**ло́пнуть**	**стоя́ть** стою́, стои́шь **висе́ть** вишу́, виси́шь **годи́ться** годи́тся, годя́тся	**пове́ситься** -ве́шусь,-ве́сишься	suchen träumen wissen deklamieren stehen hängen passen sich erhängen platzen

Üben Sie das vollendete Futur.

- Wählen Sie beim Übersetzen das vollendete Futur. Verdecken Sie dabei die Lösungen ab Linie 1.
- Ordnen Sie das Verb der e- oder i-Konjugation zu. Verdecken Sie nun die Lösungen rechts von Linie 2.
- Bilden Sie die 3. Person Pl. im vollendeten Futur. Verdecken Sie die Lösungen ab Linie 3, 2 oder 1.
- Kennen Sie den Infinitiv? Wählen Sie, ob Sie die Lösungen ab Linie 4, 2 oder 1 verdecken wollen.
- Diese Übung können Sie auch umgekehrt beginnen, indem Sie vom Infinitiv ausgehen.

	1. Pers. Sg. Futur *v*	e	i	3. Pers Pl. Futur *v*	Infinitiv *v*
	1	2		3	4
ich werde entschuldigen	я прощу		i	они прост**ят**	простить
ich werde fortsetzen	я продолжу		i	они продолж**ат**	продолжить
ich werde auswendig lernen	я выучу		i	они выуч**ат**	выучить
ich werde vergessen	я забуду	e		они забуду**т**	забыть
ich werde nehmen	я возьму	e		они возьму**т**	взять
ich werde anhalten	я остановлю		i	они останов**ят**	остановить
ich werde auftreten	я выступлю		i	они выступ**ят**	выступить
ich werde antworten	я отвечу		i	они ответ**ят**	ответить
ich werde platzen	я лопну	e		они лопну**т**	лопнуть
ich werde können	я смогу	e		они смогу**т**	смочь
ich werde einatmen	я вдохну	e		они вдохну**т**	вдохнуть
ich werde öffnen	я открою	e		они открою**т**	открыть

Üben Sie das Futur im unvollendeten und vollendeten Aspekt.

- Übersetzen Sie die deutsche Verbform ins unvollendete Futur. Verdecken Sie dabei die Lösungen ab Linie 1.
- Bilden Sie, falls möglich, die 2. Person Plural im vollendeten Futur. Verdecken Sie die Lösungen ab Linie 2 oder 1.
- Kennen Sie, sofern vorhanden, den Infinitiv vom vollendeten Aspekt? Verdecken Sie die Lösungen ab Linie 3, 2 oder 1.
- Üben Sie wie oben auch von rechts nach links.

	2. Pers. Sg. Futur *uv*	2. Pers. Pl. Futur *v*	Infinitiv *v*
	1	2	3
ihr werdet entschuldigen	вы будете прощать	вы простите	простить
ihr werdet träumen	вы будете мечтать	Ø	Ø
ihr werdet stehen	вы будете стоять	Ø	Ø
ihr werdet auftreten	вы будете выступать	вы выступите	выступить
ihr werdet fortsetzen	вы будете продолжать	вы продолжите	продолжить
ihr werdet vergessen	вы будете забывать	вы забудете	забыть
ihr werdet platzen	Ø	вы лопнете	лопнуть
ihr werdet anhalten	вы будете останавливать	вы остановите	остановить
ihr werdet hängen	вы будете висеть	Ø	Ø
ihr werdet sehen	вы будете видеть	вы увидите	увидеть
ihr werdet öffnen	вы будете открывать	вы откроете	открыть
ihr werdet suchen	вы будете искать	Ø	Ø

V

Üben Sie die Vergangenheitsformen.		Infinitiv *uv*	3. Pers. Sg. fem. *uv*	3. Pers. Pl. *v*	Infinitiv *v*
	1	2		3	4
• Bilden Sie die 3. Pers. Sg. femininum im Präteritum des unvollendeten Aspekts und verdecken Sie die Lösungen ab Linie 1. Wenn Sie wollen, können Sie noch den Infinitiv zu Hilfe nehmen und ab Linie 2 abdecken.	können	мочь	она могла	они смогли	смочь
	einatmen	вдыхать	она вдыхала	они вдохнули	вдохнуть
	antworten	отвечать	она отвечала	они ответили	ответить
	auftreten	выступать	она выступала	они выступили	выступить
• Bilden Sie die 3. Pers. Pl. im Präteritum des vollendeten Aspekts und verdecken Sie die Lösungen ab Linie 3.	nehmen	брать	она брала	они взяли	взять
	entschuldigen	прощать	она прощала	они простили	простить
	platzen	Ø	Ø	они лопнули	лопнуть
• Kennen Sie die Infinitive zu den vollendeten Vergangenheitsformen? Verdecken Sie die Lösungen ab Linie 4.	stehen	стоять	она стояла	Ø	Ø
	vergessen	забывать	она забывала	они забыли	забыть
• Sie können auch von rechts nach links üben, d.h. Sie verdecken die linke Seite ab Linie 4 und bilden die entsprechenden Formen.	träumen	мечтать	она мечтала	Ø	Ø
	anhalten	останавливать	она останавливала	они остановили	остановить
	hängen	висеть	она висела	Ø	Ø

Üben Sie alle Zeiten.		1	2
• Bestimmen Sie den Aspekt. Verdecken Sie die Lösungen ab Linie 1.	ты можешь		du kannst
	мы откроем		wir werden öffnen *v*
	они брали		sie nahmen *uv*
	вы будете мечтать		ihr werdet träumen
• Übersetzen Sie die Verbformen ins Deutsche. Verdecken Sie die Lösungen ab Linie 2 oder 1.	они смогут		sie werden können *v*
	ты будешь искать		du wirst suchen
	она стояла		sie stand *uv*
	он мог		er konnte *uv*
• Sie können die Übung auch umgekehrt machen, indem Sie von den deutschen Verbformen ausgehen.	он висит		er hängt
• Üben Sie die Formen auch schriftlich.	я прощу		ich werde entschuldigen
	ты выучишь		du wirst auswendig lernen *v*
	они взяли		sie nahmen *v*

R

Дядя Ваня и театр

Дядя Ваня ___ театр. Он ___ пешехода и ___ ему навстречу.

— ___. ___, пожалуйста, где городской театр?

Пешеход ___ воздух, чтобы ___, но дядя Ваня уже ___ ___.

— ___, театр — это моя жизнь. С детства я ___ о театре, ___ о том, как я ___ на сцене и ___ «Дядю Ваню»: — «В такую погоду хорошо ___.» Ну, ___, пожалуйста, где театр?

Прохожий снова глубоко ___, чтобы ___, но дядя Ваня опять уже ___.

— Мне было пять лет, когда я первый раз был в театре. Сколько зрителей ___ вокруг меня, такая большая люстра ___ надо мной, а какой красивый, красный, тяжёлый занавес передо мной! ___, у вас тоже такой красивый занавес?

Пешеход быстро ___ рот, но ___ дядю Ваню было нельзя.

— Я, к сожалению, ни разу не ___. У меня не ___ таланта и вообще, я никак не ___ ___ текст наизусть. Голос у меня не ___ и вообще я не красивый. Даже статистом меня не ___, потому что я всегда ___, что ___ и куда ___ на сцене. Вот и теперь не знаю, куда ___. Ну, ___, пожалуйста, где театр?

Пешеход ___ воздух в очередной раз и ___.

er suchte, sah, ging
entschuldigen Sie, sagen Sie
atmete ein, zu antworten
er fuhr fort, zu sprechen
wissen Sie, ich träume
ich träume, stehe, deklamiere
sich erhängen
sagen Sie
er atmete tief, antworten
er sprach
es waren
er hing
sagen Sie
er öffnete, stoppen
ich trat auf,
ich hatte kein, ich kann lernen
sie passt nicht
man nahm
ich vergaß, tun, gehen
gehen, sagen Sie
er atmete tief, er platzte

Дядя Ваня и театр

Дядя Ваня искал театр. Он увидел пешехода и пошёл ему навстречу.

— Простите. Скажите, пожалуйста, где городской театр?

Пешеход вдохнул воздух, чтобы ответить, но дядя Ваня уже продолжал говорить.

— Знаете, театр — это моя жизнь. С детства я мечтаю о театре, мечтаю о том, как я стою на сцене и декламирую «Дядю Ваню»: — «В такую погоду хорошо повеситься.» Ну, скажите, пожалуйста, где театр?

Прохожий снова глубоко вдохнул, чтобы ответить, но дядя Ваня опять уже говорил.

— Мне было пять лет, когда я первый раз был в театре. Сколько зрителей было вокруг меня, такая большая люстра висела надо мной, а какой красивый, красный, тяжёлый занавес передо мной! Скажите, у вас тоже такой красивый занавес?

Пешеход быстро открыл рот, но остановить дядю Ваню было нельзя.

— Я, к сожалению, ни разу не выступал. У меня не было таланта и вообще, я никак не могу выучить текст наизусть. Голос у меня не годится и вообще я не красивый. Даже статистом меня не брали, потому что я всегда забывал, что делать и куда идти на сцене. Вот и теперь не знаю, куда идти. Ну, скажите, пожалуйста, где театр?

Пешеход вдохнул воздух в очередной раз и лопнул.

Дядя Ваня и театр

Дядя Ваня .... *(suchte)* театр. Он .... *(erblickte)* пешехода и .... *(ging)* ему навстречу.

— .... *(entschuldigen Sie)* Скажите, пожалуйста, где городской театр?

Пешеход .... *(atmete ein)* воздух, чтобы .... *(zu antworten)*, но дядя Ваня уже .... *(fuhr fort)* говорить.

— Знаете, театр - это моя жизнь. С детства я .... *(ich träume)* о театре, мечтаю о том, как я .... *(stehe)* на сцене и декламирую «Дядю Ваню»: — «В такую погоду хорошо повеситься.» Ну, скажите, пожалуйста, где театр?

Прохожий снова глубоко .... *(atmete ein)*, чтобы .... *(antworten)* но дядя Ваня опять уже .... *(redete)*.

— Мне было пять лет, когда я первый раз был в театре. Сколько зрителей .... *(waren)* вокруг меня, такая большая люстра .... *(hing)* надо мной, а какой красивый, красный, тяжёлый занавес передо мной! Скажите, у вас тоже такой красивый занавес?

Пешеход быстро .... *(öffnete)* рот, но остановить дядю Ваню было нельзя.

— Я, к сожалению, ни разу не .... *(ich trat auf)*. У меня .... *(ich hatte kein)* таланта и вообще, я никак не .... *(ich kann)* .... *(auswendig lernen)* текст наизусть. Голос у меня не годится и вообще я не красивый. Даже статистом меня не .... *(man nahm)*, потому что я всегда .... *(vergaß)*, что .... *(tun)* и куда .... *(gehen)* на сцене. Вот и теперь не знаю, куда .... *(gehen)*. Ну, скажите, пожалуйста, где театр?

Пешеход .... *(atmete tief)* воздух в очередной раз и .... *(platzte)*.

искал	увидел
	пошёл
	Простите
	вдохнул, ответить
продолжал	
мечтаю	
стою	
	вдохнул, ответить
говорил	
было, висела	
	открыл
выступал, не было	
могу	выучить
брали	
забывал, делать, идти	
идти	
	вдохнул, лопнул

Кра́сная Ша́почка

Жила́-была́ в одно́й дере́вне ма́ленькая де́вочка, така́я хоро́шенькая, что лу́чше её и на све́те не́ было. Мать люби́ла её без па́мяти, а ба́бушка ещё бо́льше.

Ко дню рожде́ния подари́ла ей ба́бушка кра́сную ша́почку. С тех пор де́вочка всю́ду ходи́ла в свое́й но́вой, наря́дной кра́сной ша́почке.

Сосе́ди так про неё говори́ли:

— Вот Кра́сная Ша́почка идёт!

Как-то раз испекла́ ма́ма пирожо́к и сказа́ла до́чке:

— Сходи́-ка ты, Кра́сная Ша́почка, к ба́бушке, снеси́ ей э́тот пирожо́к и горшо́чек ма́сла, да узна́й, здоро́ва ли она́.

Собрала́сь Кра́сная Ша́почка и пошла́ к ба́бушке, в другу́ю дере́вню. Идёт она́ ле́сом, а навстре́чу ей — се́рый Волк. О́чень захоте́лось ему́ съесть Кра́сную Ша́почку, да то́лько он не посме́л — где-то бли́зко стуча́ли топора́ми дровосе́ки. Облизну́лся Волк и спра́шивает де́вочку:

— Куда́ ты идёшь Кра́сная Ша́почка?

А Кра́сная Ша́почка ещё не зна́ла, как э́то опа́сно — остана́вливаться в лесу́ и разгова́ривать с волка́ми. Поздоро́валась она́ с Во́лком и говори́т:

— Иду́ к ба́бушке и несу́ ей вот э́тот пирожо́к и горшо́чек ма́сла.

— А далеко́ ли живёт твоя́ ба́бушка? — спра́шивает Волк.

— Дово́льно далеко́, — отвеча́ет Кра́сная Ша́почка. Вон в той дере́вне, за ме́льницей, в пе́рвом до́мике с кра́я.

— Ла́дно, — говори́т Волк, — я то́же хочу́ прове́дать твою́ ба́бушку. Я по э́той доро́ге пойду́, а ты ступа́й по той. Посмо́трим, кто из нас ра́ньше придёт.

Сказа́л э́то Волк и побежа́л что бы́ло ду́ху по са́мой коро́ткой доро́жке.

А Кра́сная Ша́почка пошла́ по са́мой дли́нной доро́ге. Шла она́ не торопя́сь, по пути́ то и де́ло остана́вливалась, рвала́ цветы́ и собира́ла их в буке́ты.

Не успе́ла она́ ещё и до ме́льницы дойти́, как Волк уже́ прискака́л к ба́бушкиному до́мику и стучи́тся в дверь:

— Тук-тук!

— Кто там? — спра́шивает ба́бушка.

— Э́то я, ва́ша вну́чка, Кра́сная Ша́почка, — отвеча́ет Волк то́неньким голоско́м. — Я к вам в го́сти пришла́, пирожо́к принесла́ и горшо́чек ма́сла.

А ба́бушка была́ в э́то вре́мя больна́ и лежа́ла в посте́ли. Она́ поду́мала, что э́то и

па́мять *f* Gedächtnis, **без па́мяти** wahnsinnig

наря́дный festlich, elegant

испе́чь *v* backen, **миро́г** Kuchen

горшо́к Tontopf

узна́ть *v* erfahren

собра́ться *v* sich fertig machen

захоте́ться *v* plötzlich das Verlangen empfinden, **съесть** *v* essen, aufessen, verschlingen, **посме́ть** *v* wagen, den Mut haben, **стуча́ть** *uv* klopfen, **топо́р** Beil, **дровосе́ки** Holzfäller, **облизну́ться** *einm v* sich ablecken

ме́льница Mühle, **край** Rand

прове́дать *umg* besuchen

ступа́ть *uv* gehen, (be-)treten

побежа́ть *v* losrennen

торопи́ться *uv* sich beeilen

рвать *uv* (ab-)pflücken

прискака́ть *v* herangaloppieren

то́нкий (тоненький) fein, zart, dünn, **го́лос** Stimme

посте́ль *f* Bett

в са́мом де́ле Кра́сная Ша́почка, и кри́кнула:

— Дёрни за верёвочку, дитя́ моё, — дверь и откро́ется!

Волк дёрнул за верёвочку, дверь и откры́лась.

Бро́сился Волк на ба́бушку и ра́зом проглоти́л её. Он был о́чень го́лоден, потому́ что три дня ничего́ не ел.

дёрнуть *v* ziehen, **верёвка** Strick

бро́ситься *v* sich stürzen **проглоти́ть** *v* verschlingen, **го́лоден, голодна́, голодны́** hungrig

LERNTIPP

Im Vorschulalter wissen Kinder bereits, dass Verben, die auf »-ieren« enden, das Partizip Perfekt ohne »ge« bilden. Sie erzählen, dass sie gestern gelaufen sind, aber nicht ge-spaziert (sondern nur spaziert). […] Man könnte meinen, dass Kinder die richtigen Partizipien wie auch die Infinitive und alles andere einfach »aufgeschnappt«, also auswendig gelernt haben. Dem ist jedoch nicht so. Erzählt man ihnen die Geschichte von den Zwergen, die am Abend quangen, dann sagt der Zwerg, gestern haben wir wieder einmal so richtig schön gequangt. Und wenn die Zwerge am Abend patieren, dann sagt der Zwerg, gestern haben wir wieder einmal so richtig schön – patiert (ohne »ge«). Auf diese Weise, indem man also Kinder mit Wörtern grammatisch hantieren lässt, die es gar nicht gibt, kann man nachweisen, dass die Kinder tatsächlich eine Regel gelernt haben und nicht lediglich viele Beispiele. Diese Regel jedoch hat ihnen niemand beigebracht. Sie selbst haben sie generiert. Gehirne besitzen diese Fähigkeit zum spontanen Generieren von Regeln aufgrund von Beispielen (Spitzer 2002a). Alles, was es hierzu braucht, sind die richtigen Beispiele, und zwar viele davon.

Manfred Spitzer

Кра́сная Ша́почка

A

Жила-была в одной деревне маленькая девочка, такая хорошенькая, что лучше её и на свете не было. Мать любила её без памяти, а бабушка ещё больше.

Ко дню рождения подарила ей бабушка красную шапочку. С тех пор девочка всюду ходила в своей новой, нарядной красной шапочке.

Соседи так про неё говорили:

— Вот Красная Шапочка идёт!

Как-то раз испекла мама пирожок и сказала дочке:

— Сходи-ка ты, Красная Шапочка, к бабушке, снеси ей этот пирожок и горшочек масла, да узнай, здорова ли она.

Собралась Красная Шапочка и пошла к бабушке, в другую деревню. Идёт она лесом, а навстречу ей — серый Волк. Очень захотелось ему съесть Красную Шапочку, да только он не посмел — где-то близко стучали топорами дровосеки. Облизнулся Волк и спрашивает девочку:

— Куда ты идёшь, Красная Шапочка?

А Красная Шапочка ещё не знала, как это опасно — останавливаться в лесу и разговаривать с волками. Поздоровалась она с Волком и говорит:

— Иду к бабушке и несу ей вот этот пирожок и горшочек масла.

— А далеко ли живёт твоя бабушка? — спрашивает Волк.

— Довольно далеко, — отвечает Красная Шапочка. Вон в той деревне, за мельницей, в первом домике с края.

— Ладно, — говорит Волк, — я тоже хочу проведать твою бабушку. Я по этой дороге пойду, а ты ступай по той. Посмотрим, кто из нас раньше придёт.

Сказал это Волк и побежал что было духу по самой короткой дорожке.

А Красная Шапочка пошла по самой длинной дороге. Шла она не торопясь, по пути то и дело останавливалась, рвала цветы и собирала их в букеты.

Не успела она ещё и до мельницы дойти, как Волк уже прискакал к бабушкиному домику и стучится в дверь:

— Тук-тук!

— Кто там? — спрашивает бабушка.

— Это я, ваша внучка, Красная Шапочка, — отвечает Волк тоненьким голоском. — Я к вам в гости пришла, пирожок принесла и горшочек масла.

А бабушка была в это время больна и лежала в постели. Она подумала, что это и в самом деле Красная Шапочка, и крикнула:

leben	жить	Ø
sein	быть	Ø
lieben	люби́ть	Ø
schenken	дари́ть	подари́ть
gehen *ungerichtet*	ходи́ть	Ø
backen	Ø	испе́чь
sich fertig machen	собира́ться	собра́ться
losgehen, gehen	идти́	Ø
Verlangen haben	Ø	захоте́ться
auffressen	съеда́ть	съесть
wagen	сметь	посме́ть
klopfen	*стуча́ть	*постуча́ть
sich die Lippen lecken	Ø	облизну́ть
fragen	спра́шивать	спроси́ть
haltmachen, stehen bleiben	остана́вливаться	останови́ться
reden, sich unterhalten	разгова́ривать	Ø
sich begrüßen	здоро́ваться	поздоро́ваться
loslaufen, losrennen	Ø	побежа́ть
eilen, sich beeilen	торопи́ться	поторопи́ться
(ab-)pflücken	рвать	Ø
sammeln	собира́ть	собра́ть
schaffen	успева́ть	успе́ть
gehen (bis), gelangen	доходи́ть	дойти́
heranspringen	Ø	прискака́ть
anklopfen	стуча́ться	Ø
liegen	лежа́ть	Ø
eine Zeit lang nachdenken	Ø	поду́мать
rufen	Ø	кри́кнуть *einm*

— Дёрни за верёвочку, дитя моё, — дверь и откроется!

Волк дёрнул за верёвочку-дверь и открылась.

Бросился Волк на бабушку и разом проглотил её. Он был очень голоден, потому что три дня ничего не ел.

ziehen	дёргать	дёрнуть
öffnen	открыва́ть	откры́ть
sich werfen, sich stürzen	броса́ться	бро́ситься
verschlingen	прогла́тывать	проглоти́ть
essen	есть	Ø

A

LERNTIPP

Wenn in der Schule etwas gelernt wird, was im späteren Leben tatsächlich zur Anwendung kommt, dann ist es meist von allgemeiner Struktur. Einzelne Fakten – der höchste Berg von Grönland, das Bruttosozialprodukt von Nigeria, das Geburtsdatum von Mozart, oder der Zitronensäurezyklus – sind dagegen für das Leben nur bedingt nützlich. Dieser Gedanke liegt letztlich dem gegenwärtig viel geäußerten Bestreben zugrunde, nicht Fakten zu lehren, sondern Kompetenzen, »Kulturtechniken« und »Problemlösungsstrategien«. Es darf hierbei jedoch nicht übersehen werden, dass das Allgemeine an Beispielen gelernt wird und gerade nicht durch das Pauken von Regeln. Das Üben an vielen Beispielen muss daher ein wichtiger Bestandteil schulischen Alltags sein. Anders gewendet: Auf Fakten, die nicht als Beispiele für einen allgemeinen Zusammenhang stehen können, kann man verzichten.

Manfred Spitzer

e-Konjugation -ю (-у), -ешь, -ет, -ем, -ете, -ют (-ут) -ю́ (-у́), -ёшь, -ёт, -ём, -ёте, -ю́т (-у́т)		i-Konjugation -ю (-у), -ишь, -ит, -им, -ите, -ят (-ат)		
собира́ться	**собра́ться** -беру́сь, -берёшься			sich fertig machen
сметь	**посме́ть**			wagen
здоро́ваться	**поздоро́ваться**			sich begrüßen
		дари́ть дарю́, да́ришь	**подари́ть** подарю́, пода́ришь	(be-)schenken
		***стуча́ть** стучу́, стучи́шь	***постуча́ть** -стучу́, -стучи́шь	klopfen, pochen
		торопи́ться -оплю́сь, -о́пишься	**поторопи́ться** -оплю́сь, -о́пишься	sich beeilen
съедать			**съесть** -ем, -ешь, -ест, -еди́м, -еди́те, -едя́т	auffressen, aufessen
спра́шивать			**спроси́ть** спрошу́, спро́сишь	fragen
остана́вливаться			**останови́ться** -овлю́сь, -о́вишься	haltmachen, stehen bleiben
Verben, die gemäß ihrer Grundbedeutung nur in einem der beiden Aspekte vorkommen				
жить живу́, живёшь				leben
рвать рву, рвёшь				(ab-)pflücken
есть ем, ешь, ест, еди́м, еди́те, едя́т				essen
разгова́ривать				reden, sich unterhalten
		люби́ть люблю́, лю́бишь		lieben
		ходи́ть хожу́, хо́дишь		gehen *ungerichtet*
		лежа́ть лежу́, лежи́шь		liegen
	испе́чь -пеку́, -печёшь			backen
	облизну́ть			sich die Lippen lecken

Üben Sie das Futur im unvollendeten und vollendeten Aspekt.

- Übersetzen Sie die deutsche Verbform ins unvollendete Futur. Verdecken Sie dabei die Lösungen ab Linie 1.
- Bilden Sie, falls möglich, die 3. Person Plural im vollendeten Futur. Verdecken Sie die Lösungen ab Linie 2.
- Kennen Sie, sofern vorhanden, den Infinitiv vom vollendeten Aspekt? Verdecken Sie die Lösungen ab Linie 3, 2 oder 1.

	1 — 1. Pers. Sg. *uv*	2 — 3. Pers. Pl. *v*	3 — Infinitiv *v*
ich werde schenken	я буду дарить	они подарят	подарить
ich werde grüßen	я буду здороваться	они поздороваются	поздороваться
ich werde fragen	я буду спрашивать	они спросят	спросить
ich werde lieben	я буду любить	Ø	Ø
ich werde mich fertig machen	я буду собираться	они соберутся	собраться
ich werde gehen *(unger.)*	я буду ходить	Ø	Ø
ich werde liegen	я буду лежать	Ø	Ø
ich werde stehen bleiben	я буду останавливаться	они остановятся	остановиться
ich werde wagen	я буду сметь	они посмеют	посметь
ich werde klopfen	я буду стучать	они постучат	постучать
ich werde mich beeilen	я буду торопиться	они поторопятся	поторопиться
ich werde mich unterhalten	я буду разговаривать	Ø	Ø

V

Üben Sie die Präsensformen und die vollendeten Futurformen.

- Bestimmen Sie den Aspekt. Verdecken Sie die Lösungen ab Linie 1.
- Übersetzen Sie die Verbformen ins Deutsche. Verdecken Sie die Lösungen ab Linie 2.
- Sie können auch von den deutschen Verbformen ausgehen. Übersetzen Sie ins Präsens oder ins vollendete Futur.
- Üben Sie die Formen auch schriftlich.

	1	2
ты соберёшься	....	du wirst dich fertig machen
я ем	....	ich esse
мы спросим	....	wir werden fragen
он рвёт	....	er pflückt
я остановлюсь	....	ich werde stehen bleiben
мы едим	....	wir essen
они лежат	....	sie liegen
ты стучишь	....	du klopfst
я тороплюсь	....	ich beeile mich
они съедят	....	sie werden aufessen
он посмеет	....	er wird wagen
она испечёт	....	sie wird backen

Кра́сная Ша́почка

Жила-была в одной деревне маленькая девочка, такая хорошенькая, что лучше её и на свете не было. Мать любила её без памяти, а бабушка ещё больше.

Ко дню рождения подарила ей бабушка красную шапочку. С тех пор девочка всюду ходила в своей новой, нарядной красной шапочке.

Соседи так про неё говорили:

— Вот Красная Шапочка **идёт**!

Как-то раз испекла мама пирожок и сказала дочке:

— **Сходи**-ка ты, Красная Шапочка, к бабушке, **снеси** ей этот пирожок и горшочек масла, да **узнай**, здорова ли она.

Собралась Красная Шапочка и пошла к бабушке, в другую деревню. Идёт она лесом, а навстречу ей — серый Волк. Очень захотелось ему съесть Красную Шапочку, да только он не посмел — где-то близко стучали топорами дровосеки. Облизнулся Волк и спрашивает девочку:

— Куда ты **идёшь**, Красная Шапочка?

А Красная Шапочка ещё не знала, как это опасно — останавливаться в лесу и разговаривать с волками. Поздоровалась она с Волком и говорит:

— **Иду** к бабушке и **несу** ей вот этот пирожок и горшочек масла.

— А далеко ли **живёт** твоя бабушка? — **спрашивает** Волк.

— Довольно далеко, — **отвечает** Красная Шапочка. Вон в той деревне, за мельницей, в первом домике с края.

— Ладно, — **говорит** Волк, — я тоже **хочу** **проведать** твою бабушку. Я по этой дороге **пойду**, а ты **ступай** по той. **Посмотрим**, кто из нас раньше **придёт**.

Сказал это Волк и побежал что было духу по самой короткой дорожке.

А Красная Шапочка пошла по самой длинной дороге. Шла она не торопясь, по пути то и дело останавливалась, рвала цветы и собирала их в букеты.

Не успела она ещё и до мельницы дойти, как Волк уже прискакал к бабушкиному домику и стучится в дверь:

— Тук-тук!

— Кто там? — **спрашивает** бабушка.

— Это я, ваша внучка, Красная Шапочка, — **отвечает** Волк тоненьким голоском. — Я к вам в гости **пришла**, пирожок **принесла** и горшочек масла.

А бабушка была в это время больна и лежала в постели. Она подумала, что это и в самом деле Красная Шапочка, и крикнула:

— **Дёрни** за верёвочку, дитя моё, — дверь и **откроется**!

gehen	идти́	Ø
vorbeischauen	Ø	сходи́ть
(hin-)bringen, (hin-)tragen	сноси́ть	снести́
erfahren	узнава́ть	узна́ть
bringen	нести́	Ø
fragen	спра́шивать	спроси́ть
antworten	отвеча́ть	отве́тить
wollen	хоте́ть	Ø
umg besuchen	прове́дывать	прове́дать
gehen	Ø	пойти́
schreiten, (be-)treten	ступа́ть	ступи́ть
schauen	смотре́ть	посмотре́ть
kommen	приходи́ть	прийти́
bringen	приноси́ть	принести́
ziehen	дёргать	дёрнуть *einm*
sich öffnen	открыва́ться	откры́ться

e-Konjugation -ю (-у), -ешь, -ет, -ем, -ете, -ют (-ут) -ю́ (-у́), -ёшь, -ёт, -ём, -ёте, -ю́т (-у́т)		**i-Konjugation** -ю (-у), -ишь, -ит, -им, -ите, -ят (-ат)		
узнава́ть узнаю́, узнаёшь ↔ **открыва́ться** ↔ **прове́дывать** ↔ **дёргать** ↔ **пря́таться** пря́**ч**усь ↔ пря́**ч**ешься	**узна́ть** узна́ю, узна́ешь **откры́ться** -кро́юсь, -кро́ешься **прове́дать** **дёрнуть** **спря́таться**			erfahren sich öffnen *umg* besuchen, erfahren ziehen sich verstecken
		смотре́ть смотрю́ ↔ смо́тришь	**посмотре́ть**	schauen
спра́шивать ↔ **ступа́ть** ↔ **отвеча́ть** ↔			**спроси́ть** спрошу́, спро́сишь **ступи́ть** ступлю́, сту́пишь **отве́тить** отве́чу, отве́тишь	fragen schreiten, (be-)treten antworten
	принести́ -несу́, -несёшь ↔ **снести́** -несу́, -несёшь **прийти́** -йду́ -йдёшь ↔ ↔	**приноси́ть** -ношу́, но́сишь **сноси́ть** -ношу́, но́сишь **приходи́ть** -хожу́, -хо́дишь		bringen, tragen (hin-)bringen, (hin-)tragen kommen (zu Fuß)
Verben, die gemäß ihrer Grundbedeutung nur in einem der beiden Aspekte vorkommen				
идти́ иду́, идёшь **жить** живу́, живёшь **нести́** несу́, несёшь			**сходи́ть** схожу́, схо́дишь	gehen leben bringen, tragen vorbeischauen

Üben Sie die Vergangenheitsformen.

- Bilden Sie die 3. Pers. Sg. maskulinum des unvollendeten Aspekts und verdecken Sie die Lösungen ab Linie 1. Wenn Sie die Form vom Infinitiv ausgehend bilden wollen, verdecken Sie ab Linie 2.
- Bilden Sie die 3. Pers. Pl. des vollendeten Aspekts und verdecken Sie die Lösungen ab Linie 3.
- Kennen Sie die Infinitive zu den vollendeten Vergangenheitsformen? Verdecken Sie die Lösungen ab Linie 4, 2, 1.
- Sie können auch von rechts nach links üben. Verdecken Sie nach und nach die linke Seite ab Linie 4, 3, 2 und 1 und bilden Sie die entsprechenden Formen.

	1 Infinitiv *uv*	2 3. Pers. Sg. mask.	3 3. Pers. Pl. *v*	4 Infinitiv *v*
fragen	спрашивать	он спрашивал	они спросили	спросить
schauen	смотреть	он смотрел	они посмотрели	посмотреть
sich öffnen	открываться	он открывался	они открылись	открыться
bringen, tragen	нести	он нёс	Ø	Ø
(hin-)bringen	сносить	он сносил	они снесли	снести
antworten	отвечать	он отвечал	они ответили	ответить
gehen gerichtet	идти	он шёл	Ø	Ø
(be-)treten	ступать	он ступал	они ступили	ступить
erfahren	узнавать	он узнавал	они узнали	узнать
(her-)bringen	приносить	он приносил	они принесли	принести
kommen	приходить	он приходил	они пришли	прийти
vorbeischauen	Ø	Ø	они сходили	сходить

Üben Sie die Präsensformen und die vollendeten Futurformen.

- Bestimmen Sie den Aspekt. Verdecken Sie die Lösungen ab Linie 1.
- Übersetzen Sie die Verbformen ins Deutsche. Verdecken Sie die Lösungen ab Linie 2.
- Sie können auch von den deutschen Verbformen ausgehen. Übersetzen Sie ins Präsens bzw. ins vollendete Futur.
- Üben Sie die Formen auch schriftlich.

	1 Aspekt		2
ты узнаешь			du wirst erfahren
они спросят			sie werden fragen
мы посмотрим			wir werden schauen
они живут			sie leben
она сходит			sie wird vorbeischauen
они смотрят			sie schauen
мы снесём			wir werden (hin-)bringen
ты узнаёшь			du erfährst
они несут			sie tragen
мы приносим			wir bringen
я отвечу			ich werde antworten
вы приходите			ihr kommt

Кра́сная Ша́почка

___ в одной деревне маленькая девочка, такая хорошенькая, что лучше её и на свете не было. Мать ___ её без памяти, а бабушка ещё больше.

Ко дню рождения ___ ей бабушка красную шапочку. С тех пор девочка всюду ___ в своей новой, нарядной красной шапочке.

Соседи так про неё ___:

— Вот Красная Шапочка ___!

Как-то раз ___ мама пирожок и ___ дочке:

— ___-ка ты, Красная Шапочка, к бабушке, ___ ей этот пирожок и горшочек масла, да ___, здорова ли она.

___ Красная Шапочка и ___ к бабушке, в другую деревню. ___ она лесом, а навстречу ей — серый Волк. Очень ___ ему ___ Красную Шапочку, да только он не ___ — где-то близко ___ топорами дровосеки. ___ Волк и ___ девочку:

— Куда ты ___, Красная Шапочка?

А Красная Шапочка ещё не ___, как это опасно — ___ в лесу и ___ с волками. ___ она с Волком и ___:

— ___ к бабушке и ___ ей вот этот пирожок и горшочек масла.

— А далеко ли ___ твоя бабушка? — ___ Волк.

— Довольно далеко, — ___ Красная Шапочка. Вон в той деревне, за мельницей, в первом домике с края.

— Ладно, — ___ Волк, — я тоже ___ ___ твою бабушку. Я по этой дороге ___, а ты ___ по той. ___, кто из нас раньше ___.

___ это Волк и ___ что было духу по самой короткой дорожке.

А Красная Шапочка ___ по самой длинной дороге. ___ она не ___, по пути то и дело ___,

Es war einmal *f*
sie liebte
sie schenkte
sie ging
sie sagten
sie geht
sie buk, sagte
geh (hin), bring
bring in Erfahrung
sie machte sich fertig, sie ging (los)
sie ging *Präs*
er hatte das Verlangen, zu fressen
er wagte, sie klopften
er leckte sich, er fragte *Präs*
du gehst
sie wusste
stehen bleiben, reden
sie grüßte, sie sagte *Präs*
ich gehe, ich bringe
sie wohnt, er fragte *Präs*
sie antwortete *Präs*
er sagte *Präs* besuchen
ich gehe, schreite *Imp*
wir werden sehen, wird ankommen
er sagte, er lief (los)
sie ging (los)
ging, sich beeilend, blieb stehen

Кра́сная Ша́почка

Жила-была в одной деревне маленькая девочка, такая хорошенькая, что лучше её и на свете не было. Мать любила её без памяти, а бабушка ещё больше.

Ко дню рождения подарила ей бабушка красную шапочку. С тех пор девочка всюду ходила в своей новой, нарядной красной шапочке.

Соседи так про неё говорили:

— Вот Красная Шапочка идёт!

Как-то раз испекла мама пирожок и сказала дочке:

— Сходи-ка ты, Красная Шапочка, к бабушке, снеси ей этот пирожок и горшочек масла, да узнай, здорова ли она.

Собралась Красная Шапочка и пошла к бабушке, в другую деревню. Идёт она лесом, а навстречу ей — серый Волк. Очень захотелось ему съесть Красную Шапочку, да только он не посмел — где-то близко стучали топорами дровосеки. Облизнулся Волк и спрашивает девочку:

— Куда ты идёшь, Красная Шапочка?

А Красная Шапочка ещё не знала, как это опасно — останавливаться в лесу и разговаривать с волками. Поздоровалась она с Волком и говорит:

— Иду к бабушке и несу ей вот этот пирожок и горшочек масла.

— А далеко ли живёт твоя бабушка? — спрашивает Волк.

— Довольно далеко, — отвечает Красная Шапочка. Вон в той деревне, за мельницей, в первом домике с края.

— Ладно, — говорит Волк, — я тоже хочу проведать твою бабушку. Я по этой дороге пойду, а ты ступай по той. Посмотрим, кто из нас раньше придёт.

Сказал это Волк и побежал что было духу по самой короткой дорожке.

А Красная Шапочка пошла по самой длинной дороге. Шла она не торопясь, по пути то и дело останавливалась,

R

____ цветы и ____ их в букеты.

Не ____ она ещё и до мельницы ____, как Волк уже ____ к бабушкиному домику и ____ в дверь:

— Тук-тук!

— Кто там? — ____ бабушка.

— Это я, ваша внучка, Красная Шапочка, — ____ Волк тоненьким голоском. — Я к вам в гости ____, пирожок ____ и горшочек масла.

А бабушка была в это время больна и ____ в постели. Она ____, что это и в самом деле Красная Шапочка, и ____:

— ____ за верёвочку, дитя моё, — дверь и ____!

Волк ____ за верёвочку, дверь и ____.

____ Волк на бабушку и разом ____ её. Он был очень голоден, потому что три дня ничего не ____.

pflückte, sammelte
sie schaffte es, zu gelangen
er sprang (heran), er klopfte *Präs*

sie fragte *Präs*
er antwortete *Präs*
ich bin gekommen
ich habe gebracht
sie lag
sie dachte
sie rief
zieh *Imp*, sie wird sich öffnen
er zog, sie öffnete sich
er warf sich, verschlang
hatte gegessen

рвала цветы и собирала их в букеты.

Не успела она ещё и до мельницы дойти, как Волк уже прискакал к бабушкиному домику и стучится в дверь:

— Тук-тук!

— Кто там? — спрашивает бабушка.

— Это я, ваша внучка, Красная Шапочка, — отвечает Волк тоненьким голоском. — Я к вам в гости пришла, пирожок принесла и горшочек масла.

А бабушка была в это время больна и лежала в постели. Она подумала, что это и в самом деле Красная Шапочка, и крикнула:

— Дёрни за верёвочку, дитя моё — дверь и откроется!

Волк дёрнул за верёвочку, дверь и открылась.

Бросился Волк на бабушку и разом проглотил её. Он был очень голоден, потому что три дня ничего не ел.

LERNTIPP

Das Hirn erzeugt Wissen sowie die zugehörige Bedeutung auf eine Weise, die unserem Bewusstsein und damit auch unserer willentlichen Beeinflussung entzogen sind. Dieser Befund der Gehirnforschung steht in einem scharfen Gegensatz zur herkömmlichen Auffassung von Lernen als Informationsverarbeitung, einer Auffassung, die meint, das Gehörte bzw. Gelesene müsse nur auf geeignete Weise präsentiert und abgespeichert werden, damit es im Bedarfsfall wieder abgerufen werden kann. Nichts ist unpassender als die Vorstellung, das Gehirn funktioniere wie ein Datenspeicher, denn in Wahrheit ist es ein Datenerzeuger.

Ulrich Herrmann

Кра́сная Ша́почка

.... *(Es war einmal)* в одной деревне маленькая девочка, такая хорошенькая, что лучше её и на свете не было. Мать .... *(sie liebte)* её без памяти, а бабушка ещё больше.

Ко дню рождения .... *(sie schenkte)* ей бабушка красную шапочку. С тех пор девочка всюду .... *(sie ging)* в своей новой, нарядной красной шапочке.

Соседи так про неё .... *(sie sagten)*:

— Вот Красная Шапочка .... *(sie geht)*!

Как-то раз мама .... *(sie buk)* пирожок и .... *(sie sagte)* дочке:

— ....-ка *(geh)* ты, Красная Шапочка, к бабушке, ... *(bring)* ей этот пирожок и горшочек масла, да узнай, здорова ли она.

.... *(sie machte sich fertig)* Красная Шапочка и .... *(ging)* к бабушке, в другую деревню. .... *(Sie ging Präs)* она лесом, а навстречу ей — серый Волк. Очень .... *(er hatte das Verlangen)* ему .... *(zu fressen)* Красную Шапочку, да только он не .... *(er wagte)* — где-то близко .... *(klopften)* топорами дровосеки. .... *(Er leckte sich die Lippen)* Волк и .... *(er fragte Präs)* девочку:

— Куда ты .... *(du gehst)*, Красная Шапочка?

А Красная Шапочка ещё не .... *(sie wusste)*, как это опасно — .... *(stehen zu bleiben)* в лесу и .... *(sich zu unterhalten)* с волками. .... *(Sie grüßte)* она с Волком и .... *(sie sagte Präs)*:

— Иду к бабушке и .... *(ich bringe)* ей вот этот пирожок и горшочек масла.

— А далеко ли .... *(sie wohnt)* твоя бабушка? — .... *(er fragte Präs)* Волк.

— Довольно далеко, — .... *(sie antwortete Präs)* Красная Шапочка. Вон в той деревне,за мельницей, в первом домике с края.

— Ладно, — .... *(er sagte Präs)* Волк, — я тоже .... *(ich will)* .... *(besuchen)* твою бабушку. Я по этой дороге .... *(ich werde gehen)*,а ты .... *(schreite)* по той. .... *(Wir werden sehen)*, кто из нас раньше .... *(ankommen wird)*.

Жила-была
любила
ходила
говорили
идёт
Идёт
стучали
спрашивает
идёшь
знала
останавливаться, разговаривать, говорит
несу
живёт, спрашивает
отвечает
говорит, хочу
ступай

подарила
испекла, сказала
Сходи, снеси
Собралась, пошла
захотелось
съесть, посмел
Облизнулся
Поздоровалась
проведать, пойду
Посмотрим
придёт

.... *(er sagte)* это Волк и .... *(er lief los)* что было духу по самой короткой дорожке.

А Красная Шапочка .... *(sie ging los)* по самой длинной дороге. .... *(sie ging)* она не торопясь, по пути то и дело, ... *(sie blieb stehen)* .... *(pflückte)* цветы и .... *(sie sammelte)* их в букеты.

Не .... *(sie schaffte es)* она ещё и .... *(zu gelangen)* до мельницы, как Волк уже .... *(sprang herbei)* к бабушкиному домику и .... *(er klopfte Präs)* в дверь:

— Тук-тук!

— Кто там? — .... *(sie fragte Präs)* бабушка.

— Это я, ваша внучка, Красная Шапочка, — .... *(er antwortete Präs)* Волк тоненьким голоском. — Я к вам в гости .... *(ich bin gekommen)*, пирожок .... *(ich habe gebracht)* и горшочек масла.

А бабушка была в это время больна и .... *(sie lag)* в постели. Она .... *(sie dachte)*, что это и в самом деле Красная Шапочка, и .... *(rief)*:

— .... *(zieh)* за верёвочку, дитя моё, — дверь и .... *(sie wird sich öffnen)*!

Волк .... *(er zog)* за верёвочку, дверь и .... *(sie öffnete sich)*.

.... *(er warf sich)* Волк на бабушку и разом .... *(er verschlang)* её. Он был очень голоден, потому что три дня ничего не .... *(er hatte gegessen)*.

Шла, останавливалась
рвала, собирала

стучится

спрашивает
отвечает

лежала

ел

Сказал, побежал

пошла

успела, дойти
прискакал

пришла
принесла

подумала
крикнула
Дёрни, откроется

дёрнул, открылась

Бросился, проглотил

Кра́сная Ша́почка

конец

Пото́м .... *(er schloss)* дверь, улёгся на ба́бушкину посте́ль и .... *(er begann)* поджида́ть Кра́сную Ша́почку. Ско́ро она́ .... *(sie kam)* и постуча́лась в дверь:

— Тук-тук!

— Кто там? — .... *(fragte Präs)* Волк.

А го́лос у него́ гру́бый, хри́плый.

Кра́сная Ша́почка .... *(sie erschrak)* было, но пото́м .... *(sie dachte)*, что ба́бушка охри́пла от просту́ды и оттого́ у неё тако́й го́лос.

— Э́то я, вну́чка ва́ша, — .... *(sagte Präs)* Кра́сная Ша́почка. — .... *(ich habe gebracht)* вам пирожо́к и горшо́чек ма́сла!

Волк отка́шлялся и .... *(sagte)* пото́ньше:

— .... *(Zieh)* за верёвочку, дитя́ моё, — дверь и .... *(sie wird sich öffnen)*.

Кра́сная Ша́почка .... *(sie zog)* за верёвочку, дверь .... *(sie öffnete sich)*.

.... *(sie ging hinein)* де́вочка в до́мик, а волк .... *(er versteckte sich)* под одея́ло и .... *(er sagte Präs)*:

— .... -ка *(Lege)*, вну́чка, пирожо́к на стол, горшо́чек на по́лку .... *(stelle)*, а сама́ приля́г ря́дом со мной! Ты, ве́рно, о́чень уста́ла.

Кра́сная Ша́почка прилегла́ ря́дом с Во́лком и .... *(sie fragte Präs)*:

— Ба́бушка, почему́ у вас таки́е больши́е ру́ки?

— Э́то что́бы покре́пче .... *(zu umarmen)* тебя́, дитя́ моё.

— Ба́бушка, почему́ у вас таки́е больши́е у́ши?

— Что́бы лу́чше .... *(zu hören)*, дитя́ моё.

er legte sich hin
Bett
rauh; heiser
Sie wurde heiser
Verkühlung
er räusperte sich
Decke
sich (ein bisschen) hinlegen
mein Kind
Ohren

спра́шивает
говори́т
говори́т
спра́шивает
слы́шать

закры́л
стал
пришла́
испуга́лась
поду́мала
Принесла́
сказа́л
Дёрни
откро́ется
дёрнула
откры́лась
Вошла́
спря́тался
Положи́
поста́вь
обня́ть

— Ба́бушка, почему́ у вас таки́е больши́е глаза́?
— Что́бы лу́чше .... *(zu sehen)*, дитя́ моё.
Zähne — Ба́бушка, почему́ у вас таки́е больши́е зу́бы?
— А э́то что́бы скоре́е .... *(zu fressen)* тебя́, дитя́ моё!

Не .... *(sie schaffte es)* Кра́сная Ша́почка и
zu ächzen о́хнуть, как злой Волк .... *(er stürzte sich)* на неё и
Schuhe .... *(verschlang)* вме́сте с башмачка́ми и кра́сной ша́почкой.

Но, к сча́стью, в э́то са́мое вре́мя .... *(sie gingen vorbei)* ми́мо до́мика дровосе́ки с топора́ми на плеча́х.

.... *(sie hörten)* они́ шум, ... *(sie liefen hinein)* в до́мик и .... *(töteten)* Во́лка. А пото́м
sie schlitzten auf; Bauch распоро́ли ему́ брю́хо, и отту́да .... *(sie kam heraus)* Кра́сная Ша́почка, а за ней и ба́бушка — о́бе
unversehrt це́лые и невреди́мые.

Ein Präsensgedicht

Нет, я вовсе не бездельник,
но страдаю в понедельник.

Среду тоже не люблю,
А в четверг совсем не сплю.

Часто в институт хожу,
Там на лекциях сижу,

На профессора смотрю,
ничего не говорю.

Мандельштама обожаю
И Толстого уважаю,

Очень Гоголя люблю:
Вот словарь себе куплю —

И в ближайшую субботу
Сдам дипломную работу!

ви́деть

проходи́ли

съесть

успе́ла
бро́сился
проглоти́л

Услы́шали, вбежа́ли
уби́ли
вы́шла

Жу́ткая исто́рия

На днях в наро́дном суде́ мы слу́шали интере́сное де́ло. Обвиня́ли одного́ старика́ в хулига́нстве.

Председа́тель суда́ посмотре́л в зал, соверше́нно неожи́данно улыбну́лся и, сно́ва серьёзно, сказа́л:

— Граждани́н Ша́почкин, расскажи́те, то́лько по возмо́жности ко́ротко, как бы́ло де́ло.

Со скаме́йки подня́лся кре́пкий стари́к лет шести́десяти с бородо́й и хи́трыми глаза́ми.

— Де́ло, зна́чит, бы́ло так, гра́ждане су́дьи. Прие́хал я в го́род к му́жу мое́й сестры́ в го́сти, по слу́чаю того́, что он получи́л де́ньги за отли́чную рабо́ту, на́до бы́ло отме́тить тако́й день. Ну коне́чно, стол накры́т — ры́ба, мя́со.

— Граждани́н Ша́почкин, нам про ры́бу не интере́сно слу́шать. Вы про де́ло расскажи́те.

— Я про де́ло и говорю́. Пообе́дал я, вы́пил и домо́й собра́лся. Живу́ я в Кузы́кине. Прие́хал на вокза́л, гляжу́, кака́я беда́, после́дний по́езд ушёл. Вре́мя ночно́е, что ты бу́дешь де́лать?

Дай, ду́маю, вы́йду на доро́гу, мо́жет, маши́на кака́я возьмёт меня́ с собо́й. Да. Ну, вы́шел я на доро́гу. Как маши́на ми́мо прохо́дит, так я ру́ку поднима́ю, поня́ть даю́, что́бы, зна́чит, меня́ в маши́ну взя́ли. Одна́ маши́на прошла́, друга́я, тре́тья — и всё никако́го внима́ния. Ду́маю — что же де́лать? И вдруг, гра́ждане су́дьи, остана́вливается грузова́я маши́на, и э́тот вот с уса́ми, — стари́к указа́л на челове́ка с уса́ми, кото́рый сиде́л в пе́рвом ряду́, — кричи́т из маши́ны: «Дава́й, дед, сади́сь в ку́зов, то́лько по-бы́строму. Помо́жем тебе́ из уваже́ния к твои́м года́м!..»

Ну, я ста́ло быть, влез в ку́зов, и маши́на пошла́, а пого́да, гра́ждане су́дьи, си́льно холо́дная была́. И моро́з и ве́тер. А ку́зов соверше́нно откры́тый. Я в у́гол устро́ился, а э́тот вот с уса́ми, кото́рый с шофёром сиде́л, мне сквозь стекло́ кричи́т: «Как, дед, не хо́лодно?..» А я ему́ руко́й так де́лаю, вро́де ничего́, живо́й. Да. Е́дем мы э́то так, а моро́з стано́вится кре́пче.

Огляну́лся я, гра́ждане су́дьи. Мо́жет, ду́маю, найду́ что́-нибудь чем от ве́тра и от моро́за спря́таться. Мо́жет, до́ску и́ли мешо́к. Нога́ми попро́бовал иска́ть, пото́м гляжу́: что за чёрт — гроб! Стои́т в ку́зове закры́тый гроб. Снача́ла я испуга́лся немно́го, а пото́м откры́л кры́шку, гляжу́ — никого́. Тогда́ я ду́маю — чего́ ж тако́е

суд -а́ Gericht, **де́ло** Prozess, **обвиня́ть в** *uv* anklagen wegen, **хулига́нство** Rowdytum
председа́тель Vorsitzender
граждани́н Bürger *(offizielle Anrede)*
скаме́йка Bank, **подня́ться** *v* sich erheben, **хи́трый** hinterlistig
судья́ Richter
стол накры́т der Tisch ist gedeckt
поднима́ть *uv* heben
грузова́я маши́на Lastwagen, Laster, **усы́ -о́в** Schnurrbart
ку́зов Wagenkasten, Ladefläche *(Auto)*
у́гол Ecke, Winkel, **устро́иться** *v* sich einrichten
кре́пче stärker
огляну́ться *v* sich umsehen
доска́ Brett, **мешо́к** Sack
чёрт Teufel, **гроб** Sarg, **испуга́ться** *v* erschrecken
кры́шка Deckel

T

T

отли́чное сухо́е помеще́ние зря пусты́м стоя́ть бу́дет. Лёг я в э́тот гроб и закры́лся, чтоб от моро́за… А по́сле согре́лся под влия́нием обе́да и засну́л. Вот и всё.

— Да́льше?

— Чего́ же да́льше? Да́льше пусть они́ расска́зывают.

Председа́тель помолча́л. Бы́ло ви́дно, что ему́ не легко́ сохраня́ть стро́гое выраже́ние лица́.

— Потерпе́вший граждани́н Куку́ев, у Вас есть что доба́вить к объясне́нию граждани́на Ша́почкина, — сказа́л председа́тель, обраща́ясь к одному́ из гру́ппы здоро́вых парне́й с гру́быми от ве́тра лица́ми.

Куку́ев встал и вы́шел вперёд.

— Гра́ждане су́дьи, э́того старика́, верне́е сказа́ть, э́ту маши́ну мы встре́тили у вокза́ла. Она́ стоя́ла и ожида́ла, пока́ да́льний поезд пройдёт. А нам в Зава́льцево на́до было. Мы там рабо́таем. Мы к маши́не подошли́, про́сим: «Не возьмёте ли нас собо́й до Зава́льцева?» Тогда́ э́тот вот това́рищ с уса́ми, кото́рый с шофёром сиде́л, говори́т: «Дава́йте ребя́та, то́лько по-бы́строму, сади́тесь. Вам не ску́чно бу́дет, там у вас в ку́зове попу́тчик име́ется.» Ну, мы и се́ли в ку́зов…

— Кто — мы?

— Нас пять челове́к бы́ло. Мы все тут. Я, Сува́ев, Замы́лкин, Богачёв и Ля́мзин. Маши́на пошла́. Мы гляди́м — гроб. Ду́маем — хоро́ший у нас попу́тчик. А что де́лать. Е́хать ведь всё равно́ на́до. Стои́м мы в ку́зове и, сказа́ть по пра́вде, не интере́сно нам на гроб смотре́ть. Мы по сторона́м гляди́м. А моро́з стра́шный. Тот стари́к насчёт пого́ды то́чно сказа́л. В о́бщем, е́дем э́то мы, вдруг Ля́мзин огля́дывается и говори́т: «Ох, ребя́та, что мне сейча́с показа́лось». А Богочёв говори́т: «Ты дава́й не огля́дывайся, ничего́ там интере́сного нет.» А он говори́т: «Ребя́та, и́ли мне показа́лось, и́ли гроб действи́тельно дви́гается». А Богочёв говори́т: «Брось ты э́ти глу́пые слова́! Доро́га неро́вная, поэ́тому гроб и шевели́тся.» А Ля́мзин говори́т: «Нет, ребя́та, э́то не от неро́вной доро́ги». Тут мы все на гроб огля́дываемся…

помеще́ние Raum
согре́ться *v* sich erwärmen, **засну́ть** *v* einschlafen

сохраня́ть *uv* bewahren, **выраже́ние** Ausdruck

потерпе́вший der Geschädigte, **доба́вить** *v* ergänzen, hinzufügen, **обраща́ться к** *uv* sich wenden an

попу́тник Reisegefährte

насчёт betreffend
огля́дываться *uv* sich umsehen
показа́ться *v* erscheinen

дви́гаться *uv* sich bewegen
шевели́ться *uv* sich rühren
неро́вный uneben

Жу́ткая исто́рия

На днях в народном суде мы слушали интересное дело. Обвиняли одного старика в хулиганстве.

Председатель суда посмотрел в зал, совершенно неожиданно улыбнулся и, снова серьёзно, сказал:

— Гражданин Шапочкин, расскажите, только по возможности коротко, как было дело.

Со скамейки поднялся крепкий старик лет шестидесяти с бородой и хитрыми глазами.

— Дело, значит, было так, граждане судьи. Приехал я в город к мужу моей сестры в гости, по случаю того, что он получил деньги за отличную работу, надо было отметить такой день. Ну конечно, стол накрыт — рыба, мясо.

— Гражданин Шапочкин, нам про рыбу не интересно слушать. Вы про дело расскажите.

— Я про дело и говорю. Пообедал я, выпил и домой собрался. Живу я в Кузыкине.

Приехал на вокзал, гляжу, какая беда, последний поезд ушёл. Время ночное, что ты будешь делать?

Дай, думаю, выйду на дорогу, может, машина какая возьмёт меня с собой. Да. Ну, вышел я на дорогу. Как машина мимо проходит, так я руку поднимаю, понять даю, чтобы, значит, меня в машину взяли. Одна машина прошла, другая, третья — и всё никакого внимания. Думаю — что же делать? И вдруг, граждане судьи, останавливается грузовая машина, и этот вот с усами, — старик указал на человека с усами, который сидел в первом ряду, — кричит из машины: «Давай, дед, садись в кузов, только по-быстрому. Поможем тебе из уважения к твоим годам!..»

Ну, я стало быть, влез в кузов, и машина пошла, а погода, граждане судьи, сильно холодная была. И мороз и ветер. А кузов совершенно открытый. Я в угол устроился, а этот вот с усами, который с шофёром сидел, мне сквозь стекло кричит: «Как, дед, не холодно?..» А я ему рукой так делаю, вроде ничего, живой. Да. Едем мы это так, а мороз становится крепче.

Оглянулся я, граждане судьи. Может, думаю, найду что-нибудь чем от ветра и от мороза спрятаться. Может, доску или мешок. Ногами попробовал искать, потом гляжу: что за чёрт — гроб! Стоит в кузове закрытый гроб. Сна-

hören	слу́шать	послу́шать
beschuldigen	обвиня́ть	обвини́ть
leben	жить	Ø
schauen	гляде́ть	гля́нуть *einm*
machen	де́лать	сде́лать
vorbeifahren *Auto*	проходи́ть	пройти́
(auf-)heben	поднима́ть	подня́ть
geben	дава́ть	дать
denken	ду́мать	Ø
stehen bleiben	остана́вливаться	останови́ться
sitzen	сиде́ть	Ø
rufen, schreien	крича́ть	Ø
sich setzen	сади́ться	сесть
fahren *gerichtet*	е́хать	Ø
werden	станови́ться	стать
suchen	иска́ть	Ø
stehen	стоя́ть	Ø

A

чала я испугался немного, а потом открыл крышку, **гляжу** — никого. Тогда я **думаю** — чего ж такое отличное сухое помещение зря пустым **стоять будет**. Лёг я в этот гроб и закрылся, чтоб от мороза… А после согрелся под влиянием обеда и заснул. Вот и всё.

— Дальше?

— Чего же дальше? Дальше пусть они **рассказывают**.

Председатель помолчал. Было видно, что ему не легко **сохранять** строгое выражение лица.

— Потерпевший гражданин Кукуев, у Вас есть что добавить к объяснению гражданина Шапочкина, — сказал председатель, **обращаясь** к одному из группы здоровых парней с грубыми от ветра лицами.

Кукуев встал и вышел вперёд.

— Граждане судьи, этого старика, вернее сказать, эту машину мы встретили у вокзала. Она **стояла** и **ожидала**, пока дальний поезд пройдёт. А нам в Завальцево надо было. Мы там **работаем**. Мы к машине подошли, **просим**: «Не возьмёте ли нас собой до Завальцева?» Тогда этот вот товарищ с усами, который с шофёром **сидел**, **говорит**: «**Давайте** ребята, только по-быстрому, **садитесь**. Вам не скучно **будет**, там у вас в кузове попутчик **имеется**.» Ну, мы и сели в кузов…

— Кто — мы?

— Нас пять человек **было**. Мы все тут. Я, Суваев, Замылкин, Богачёв и Лямзин. Машина пошла. Мы **глядим** — гроб. **Думаем** — хороший у нас попутчик. А что **делать**. **Ехать** ведь всё равно надо. **Стоим** мы в кузове и, сказать по правде, не интересно нам на гроб **смотреть**. Мы по сторонам **глядим**. А мороз страшный. Тот старик насчёт погоды точно сказал. В общем, **едем** это мы, вдруг Лямзин **оглядывается** и **говорит**: «Ох, ребята, что мне сейчас показалось». А Богочёв **говорит**: «Ты давай не **оглядывайся**, ничего там интересного нет.» А он **говорит**: «Ребята, или мне показалось, или гроб действительно **двигается**». А Богочёв **говорит**: «Брось ты эти глупые слова! Дорога неровная, поэтому гроб и **шевелится**.» А Лямзин **говорит**: «Нет, ребята, это не от неровной дороги». Тут мы все на гроб **оглядываемся**…

erzählen	расска́зывать	рассказа́ть
bewahren	сохраня́ть	сохрани́ть
sich wenden an	обраща́ться	обрати́ться
warten	ожида́ть	Ø
arbeiten	рабо́тать	Ø
bitten	проси́ть	попроси́ть
vorhandensein	име́ться *unpers*	Ø
schauen	смотре́ть	посмотре́ть
sich umsehen	огля́дываться	огляде́ться
sich bewegen	дви́гаться	дви́нуться
sich rühren	*шевели́ться	*шевельну́ться

e-Konjugation		i-Konjugation		
слу́шать **поднима́ть** **расска́зывать** **дви́гаться** **дава́ть** даю́, даёшь	**послу́шать** **подня́ть** -ниму́, -ни́мешь **рассказа́ть** -скажу́, -ска́жешь **дви́нуться** **дать** дам, дашь, даст, дади́м, дади́те, даду́т			(zu-)hören aufheben, erheben erzählen sich bewegen geben
		проси́ть прошу́, про́сишь **смотре́ть** смотрю́, смо́тришь	**попроси́ть** -прошу́, -про́сишь **посмотре́ть**	bitten schauen
обвиня́ть **остана́вливаться** **сохраня́ть** **огля́дываться**			**обвини́ть** -ню́, -ни́шь **останови́ться** -влю́сь, -о́вишься **сохрани́ть** -храню́, -храни́шь **огляде́ться** огляжу́сь, -ди́шься	beschuldigen stehen bleiben bewahren sich umsehen
	пройти́ -йду́ -йдёшь **гля́нуть** **стать** ста́ну, ста́нешь **сесть** ся́ду, ся́дешь ***шевельну́ться** -нёшься	**проходи́ть** -хожу́, -хо́дишь **гляде́ть** гляжу́, гляди́шь **станови́ться** становлю́сь, -о́вишься **сади́ться** -жу́сь, -ди́шься ***шевели́ться** -ю́сь, -и́шься		vorbeigehen schauen, blicken werden sich setzen sich rühren
Verben, die gemäß ihrer Grundbedeutung nur in einem der beiden Aspekte vorkommen				
е́хать е́ду, е́дешь **ду́мать** **иска́ть** ищу́, и́щешь **ожида́ть** **рабо́тать**		**крича́ть** -чу́, -и́шь **стоя́ть** стою́, стои́шь **сиде́ть** сижу́, сиди́шь		fahren denken suchen warten arbeiten schreien stehen sitzen

Жу́ткая исто́рия

На днях в народном суде мы слушали интересное дело. Обвиняли одного старика в хулиганстве.

Председатель суда посмотрел в зал, совершенно неожиданно улыбнулся и, снова серьёзно, сказал:

— Гражданин Шапочкин, расскажите, только по возможности коротко, как было дело.

Со скамейки поднялся крепкий старик лет шестидесяти с бородой и хитрыми глазами.

— Дело, значит, было так, граждане судьи. Приехал я в город к мужу моей сестры в гости, по случаю того, что он получил деньги за отличную работу, надо было отметить такой день. Ну конечно, стол накрыт — рыба, мясо.

— Гражданин Шапочкин, нам про рыбу не интересно слушать. Вы про дело расскажите.

— Я про дело и говорю. Пообедал я, выпил и домой собрался. Живу я в Кузыкине.

Приехал на вокзал, гляжу, какая беда, последний поезд ушёл. Время ночное, что ты будешь делать?

Дай, думаю, выйду на дорогу, может, машина какая возьмёт меня с собой. Да. Ну, вышел я на дорогу. Как машина мимо проходит, так я руку поднимаю, понять даю, чтобы, значит, меня в машину взяли. Одна машина прошла, другая, третья — и всё никакого внимания. Думаю — что же делать? И вдруг, граждане судьи, останавливается грузовая машина, и этот вот с усами, — старик указал на человека с усами, который сидел в первом ряду, — кричит из машины: «Давай, дед, садись в кузов, только по-быстрому. Поможем тебе из уважения к твоим годам!..»

Ну, я стало быть, влез в кузов, и машина пошла, а погода, граждане судьи, сильно холодная была. И мороз и ветер. А кузов совершенно открытый. Я в угол устроился, а этот вот с усами, который с шофёром сидел, мне сквозь стекло кричит: «Как, дед, не холодно?..» А я ему рукой так делаю, вроде ничего, живой. Да. Едем мы это так, а мороз становится крепче.

Оглянулся я, граждане судьи. Может, думаю, найду что-нибудь чем от ветра и от мороза спрятаться. Может, доску или мешок. Ногами попробовал искать, потом гляжу: что за чёрт — гроб! Стоит в кузове закрытый гроб. Сна-

schauen	смотре́ть	посмотре́ть
lächeln	улыба́ться	улыбну́ться
erzählen	расска́зывать	рассказа́ть
sich erheben	поднима́ться	подня́ться
(an-)kommen *fahrend*	приезжа́ть	прие́хать
bekommen	получа́ть	получи́ть
feiern	отмеча́ть	отме́тить
zu Mittag essen	*обе́дать	*пообе́дать
(aus-)trinken	выпива́ть	вы́пить
sich fertig machen	собира́ться	собра́ться
abfahren *Zug*	уходи́ть	уйти́
(hinaus-/heraus-)gehen	выходи́ть	вы́йти
nehmen	брать	взять
verstehen	понима́ть	поня́ть
vorbeifahren *Auto*	проходи́ть	пройти́
zeigen auf	ука́зывать	указа́ть
helfen	помога́ть	помо́чь
hineinklettern	влеза́ть	влезть
losfahren *Auto*	Ø	пойти́
sich einrichten	устра́иваться	устро́иться
sich umsehen	огля́дываться	огляну́ться *einm*
finden	находи́ть	найти́
sich verstecken	пря́таться	спря́таться
versuchen	про́бовать	попро́бовать

чала я испугался немного, а потом открыл крышку, гляжу — никого. Тогда я думаю — чего ж такое отличное сухое помещение зря пустым стоять будет. Лёг я в этот гроб и закрылся, чтоб от мороза… А после согрелся под влиянием обеда и заснул. Вот и всё.

— Дальше?

— Чего же дальше? Дальше пусть они рассказывают.

Председатель помолчал. Было видно, что ему не легко сохранять строгое выражение лица.

— Потерпевший гражданин Кукуев, у Вас есть что добавить к объяснению гражданина Шапочкина, — сказал председатель, обращаясь к одному из группы здоровых парней с грубыми от ветра лицами.

Кукуев встал и вышел вперёд.

— Граждание судьи, этого старика, вернее сказать, эту машину мы встретили у вокзала. Она стояла и ожидала, пока дальний поезд пройдёт. А нам в Завальцево надо было. Мы там работаем. Мы к машине подошли, просим: «Не возьмёте ли нас собой до Завальцева?» Тогда этот вот товарищ с усами, который с шофёром сидел, говорит: «Давайте ребята, только по-быстрому, садитесь. Вам не скучно будет, там у вас в кузове попутчик имеется.» Ну, мы и сели в кузов…

— Кто — мы?

— Нас пять человек было. Мы все тут. Я, Суваев, Замылкин, Богачёв и Лямзин. Машина пошла. Мы глядим — гроб. Думаем — хороший у нас попутчик. А что делать. Ехать ведь всё равно надо. Стоим мы в кузове и, сказать по правде, не интересно нам на гроб смотреть. Мы по сторонам глядим. А мороз страшный. Тот старик насчёт погоды точно сказал. В общем, едем это мы, вдруг Лямзин оглядывается и говорит: «Ох, ребята, что мне сейчас показалось». А Богочёв говорит: «Ты давай не оглядывайся, ничего там интересного нет.» А он говорит: «Ребята, или мне показалось, или гроб действительно двигается». А Богочёв говорит: «Брось ты эти глупые слова! Дорога неровная, поэтому гроб и шевелится.» А Лямзин говорит: «Нет, ребята, это не от неровной дороги». Тут мы все на гроб оглядываемся…

erschrecken	Ø	испуга́ться
öffnen	открыва́ть	откры́ть
sich hinlegen	ложи́тся	лечь
sich zudecken	закрыва́ться	закры́ться
sich erwärmen	согрева́ться	согре́ться
einschlafen	засыпа́ть	засну́ть
eine Zeit lang schweigen	Ø	помолча́ть
hinzufügen	добавля́ть	доба́вить
aufstehen	встава́ть	встать
treffen	встреча́ть	встре́тить
vorbeifahren *Zug*	подходи́ть	подойти́
hingehen, herangehen		
sich setzen	сади́ться	сесть
scheinen	каза́ться	показа́ться

A

e-Konjugation		i-Konjugation		
улыба́ться	**улыбну́ться**			lächeln
поднима́ться	**подня́ться** -ниму́сь, -ни́мешься			sich erheben
приезжа́ть	**прие́хать** -е́ду, -е́дешь			(an-)kommen *fahrend*
***обе́дать**	***пообе́дать**			zu Mittag essen
выпива́ть	**вы́пить** -пью, -пьешь			(aus-)trinken, leeren
собира́ться	**собра́ться** -беру́сь, -берёшься			sich fertig machen
брать беру́, берёшь	**взять** возьму́, возьмёшь			nehmen
понима́ть	**поня́ть** пойму́, поймёшь			verstehen
ука́зывать	**указа́ть** укажу́, ука́жешь			hinzeigen
помога́ть	**помо́чь** -могу́, -мо́жешь			helfen
влеза́ть	**влезть** влéзу, влéзешь			hineinklettern
про́бовать -ую, -уешь	**попро́бовать** -ую, -уешь			versuchen
закрыва́ться	**закры́ться** -кро́юсь, -кро́ешься			sich zudecken
согрева́ться	**согре́ться**			sich erwärmen
засыпа́ть	**засну́ть**			einschlafen
встава́ть -аю́, аёшь	**встать** вста́ну, вста́нешь			aufstehen
каза́ться кажу́сь	**показа́ться** -кажу́сь, -ка́жешься			scheinen
огля́дываться	**огляну́ться** огляну́сь -я́нешься			sich umsehen
пря́таться пря́**ч**усь пря́**ч**ешься	**спря́таться**			sich verstecken
		смотре́ть смотрю́, смо́тришь	**посмотре́ть**	schauen
получа́ть			**получи́ть** -чу́, -у́чишь	bekommen
отмеча́ть			**отме́тить** -е́чу, -е́тишь	kennzeichnen, feiern
сохраня́ть			**сохрани́ть** -храню́, -храни́шь	bewahren
устра́иваться			**устро́иться**	sich einrichten
добавля́ть			**доба́вить** -влю, -вишь	hinzufügen
встреча́ть			**встре́тить** -чу, -тишь	treffen

V

e-Konjugation			
Verben, die gemäß ihrer Grundbedeutung nur in einem der beiden Aspekte vorkommen			

LERNTIPP

[…] immer dann, wenn im Hirn aus Durcheinander Ordnung, aus Erregung Beruhigung wird, entsteht ein Gefühl von Wohlbehagen und Zufriedenheit.

Gerald Hüther

Жу́ткая исто́рия

На днях в народном суде мы ______ интересное дело. ______ одного старика в хулиганстве.

Председатель суда ______ в зал, совершенно неожиданно ______ и, снова серьёзно, ______:

— Гражданин Шапочкин, ______, только по возможности коротко, как ______ дело.

Со скамейки ______ крепкий старик лет шестидесяти с бородой и хитрыми глазами.

— Дело, значит, было так, граждане судьи. ______ я в город к мужу моей сестры в гости, по случаю того, что он ______ деньги за отличную работу, надо было ______ такой день. Ну конечно, стол накрыт — рыба, мясо.

— Гражданин Шапочкин, нам про рыбу не интересно ______. Вы про дело ______.

— Я про дело и ______. ______ я, ______ и домой ______. ______ я в Кузыкине.

______ на вокзал, ______, какая беда, последний поезд ______. Время ночное, что ты ______?

Дай, думаю, ______ на дорогу, может, машина какая ______ меня с собой. Да. Ну, ______ я на дорогу. Как машина мимо ______, так я руку ______, ______ ______, чтобы, значит, меня в машину ______. Одна машина ______, другая, третья — и всё никакого внимания. ______ — что же ______? И вдруг, граждане судьи, ______ грузовая машина, и этот вот с усами, — старик ______ на человека с усами, который ______ в первом ряду, — ______ из машины: «Давай, дед, ______ в кузов, только по-быстрому. ______ тебе из уважения к твоим годам!..»

Ну, я стало быть, ______ в кузов, и машина ______, а погода, граждане судьи, сильно холодная ______. И мороз и ветер. А кузов совершенно открытый. Я в угол ______, а этот вот с усами, который с шофёром ______, мне сквозь

hörten
man beschuldigte
er schaute
lächelte, sagte
erzählen Sie
war
er erhob sich
kam *fahrend*
er bekam, feiern
zu hören, erzählen Sie
spreche, aß zu Mittag, trank
habe mich fertig gemacht, ich lebe
ich kam, schaue
ist abgefahren *Zug*, du wirst tun
ich gehe *Futur*
nimmt *Futur*, ging
fährt vorbei, hebe
gebe zu verstehen, nehmen
fuhr vorbei
ich denke, tun
bleibt stehen
zeigte auf, saß
er rief *Präs*, setz dich
wir helfen *Futur*
klettere hinein, fuhr los
war
ich habe mich eingerichtet
saß

На днях в народном суде мы слушали интересное дело. Обвиняли одного старика в хулиганстве.

Председатель суда посмотрел в зал, совершенно неожиданно улыбнулся и, снова серьёзно, сказал:

— Гражданин Шапочкин, расскажите, только по возможности коротко, как было дело.

Со скамейки поднялся крепкий старик лет шестидесяти с бородой и хитрыми глазами.

— Дело, значит, было так, граждане судьи. Приехал я в город к мужу моей сестры в гости, по случаю того, что он получил деньги за отличную работу, надо было отметить такой день. Ну конечно, стол накрыт — рыба, мясо.

— Гражданин Шапочкин, нам про рыбу не интересно слушать. Вы про дело расскажите.

— Я про дело и говорю. Пообедал я, выпил и домой собрался. Живу я в Кузыкине.

Приехал на вокзал, гляжу, какая беда, последний поезд ушёл. Время ночное, что ты будешь делать?

Дай, думаю, выйду на дорогу, может, машина какая возьмёт меня с собой. Да. Ну, вышел я на дорогу. Как машина мимо проходит, так я руку поднимаю, понять даю, чтобы, значит, меня в машину взяли. Одна машина прошла, другая, третья — и всё никакого внимания. Думаю — что же делать? И вдруг, граждане судьи, останавливается грузовая машина, и этот вот с усами, — старик указал на человека с усами, который сидел в первом ряду, — кричит из машины: «Давай, дед, садись в кузов, только по-быстрому. Поможем тебе из уважения к твоим годам!..»

Ну, я стало быть, влез в кузов, и машина пошла, а погода, граждане судьи, сильно холодная была. И мороз и ветер. А кузов совершенно открытый. Я в угол устроился, а этот вот с усами, который с шофёром сидел, мне сквозь

стекло ______: «Как, дед, не холодно?..» А я ему рукой так ______, вроде ничего, живой. Да. ______ мы это так, а мороз ______ крепче.

______ я, граждане судьи. Может, думаю, ______ что-нибудь чем от ветра и от мороза ______. Может, доску или мешок. Ногами ______ ______, потом ______: что за чёрт — гроб! ______ в кузове закрытый гроб. Сначала я ______ немного, а потом ______ крышку, ______ — никого. Тогда я ______ — чего ж такое отличное сухое помещение зря пустым ______. ______ я в этот гроб и ______, чтоб от мороза… А после ______ под влиянием обеда и ______. Вот и всё.

— Дальше?

— Чего же дальше? Дальше пусть они ______.

Председатель ______. Было видно, что ему не легко ______ строгое выражение лица.

— Потерпевший гражданин Кукуев, у Вас есть что ______ к объяснению гражданина Шапочкина, — ______ председатель, обращаясь к одному из группы здоровых парней с грубыми от ветра лицами.

Кукуев ______ и ______ вперёд.

— Граждание судьи, этого старика, вернее ______, эту машину мы ______ у вокзала. Она ______ и ______, пока дальний поезд ______. А нам в Завальцево надо было. Мы там ______. Мы к машине ______, ______: «Не ______ ли нас собой до Завальцева?» Тогда этот вот товарищ с усами, который с шофёром ______, ______: «Давайте ребята, только по-быстрому, ______. Вам не скучно ______, там у вас в кузове попутчик ______.» Ну, мы и ______ в кузов…

rief *Präs*
mache, wir fahren
wird
ich schaute mich um, finde
Futur, mich zu verstecken
versuchte zu suchen
schaue, steht
erschrak, öffnete
ich schaue, ich denke
wird stehen, legte mich
deckte mich zu, mir wurde warm
schlief ein

erzählen
schwieg kurz
zu bewahren

hinzuzufügen
sagte

stand auf, ging
zu sagen
trafen, stand, wartete
vorbeifährt *Futur*
arbeiten, gingen hin, baten *Präs*
ihr nehmt *Futur*
saß, sagte *Präs*
setzt euch
wird sein, gibt es
setzten uns

стекло кричит: «Как, дед, не холодно?..» А я ему рукой так делаю, вроде ничего, живой. Да. Едем мы это так, а мороз становится крепче.

Оглянулся я, граждане судьи. Может, думаю, найду что-нибудь чем от ветра и от мороза спрятаться. Может, доску или мешок. Ногами попробовал искать, потом гляжу: что за чёрт — гроб! Стоит в кузове закрытый гроб. Сначала я испугался немного, а потом открыл крышку, гляжу — никого. Тогда я думаю — чего ж такое отличное сухое помещение зря пустым стоять будет. Лёг я в этот гроб и закрылся, чтоб от мороза… А после согрелся под влиянием обеда и заснул. Вот и всё.

— Дальше?

— Чего же дальше? Дальше пусть они рассказывают.

Председатель помолчал. Было видно, что ему не легко сохранять строгое выражение лица.

— Потерпевший гражданин Кукуев, у Вас есть что добавить к объяснению гражданина Шапочкина, — сказал председатель, обращаясь к одному из группы здоровых парней с грубыми от ветра лицами.

Кукуев встал и вышел вперёд.

— Граждание судьи, этого старика, вернее сказать, эту машину мы встретили у вокзала. Она стояла и ожидала, пока дальний поезд пройдёт. А нам в Завальцево надо было. Мы там работаем. Мы к машине подошли, просим: «Не возьмёте ли нас собой до Завальцева?» Тогда этот вот товарищ с усами, который с шофёром сидел, говорит: «Давайте ребята, только по-быстрому, садитесь. Вам не скучно будет, там у вас в кузове попутчик имеется.» Ну, мы и сели в кузов…

R

Жу́ткая исто́рия Конец

— Кто — мы?

— Нас пять человек .... *(waren)*. Мы все тут. Я, Суваев, Замылкин, Богачёв и Лямзин. Машина .... *(fuhr los)*. Мы .... *(schauen)* — гроб. .... *(denken)* — хороший у нас попутчик. А что .... *(tun)*. .... *(fahren)* ведь всё равно надо. .... *(wir stehen)* мы в кузове и, ... *(zu sagen)* по правде, неинтересно нам на гроб .... *(zu schauen)*. Мы .... *(schauen)* по сторонам. А мороз страшный. Тот старик насчёт погоды точно .... *(sagte)*. В общем, ... *(wir fahren)* это мы, вдруг Лямзин .... *(schaut sich um)* и .... *(sagt)*: «Ох, ребята, что мне сейчас .... *(es schien mir)*». А Богочёв .... *(sagt)*: «Ты давай не .... *(schau dich um)*, ничего там интересного нет.» А он .... *(sagt)*: «Ребята, или мне .... *(es schien mir)*, или гроб действительно .... *(bewegt sich)*.» А Богочёв .... *(sagt)*: «............. *(lass bleiben)* ты эти глупые слова! Дорога неровная, поэтому гроб и .... *(bewegt sich, rührt sich)*» А Лямзин .... *(sagt)*: «Нет, ребята, это не от неровной дороги». Тут мы все на гроб .... *(drehen uns um)*…

Вдруг, видим, крышка .... *(hebt sich)*, из гроба вот этот бесстыдный старик .... *(steht auf)* и .... *(sagt)*: «Вроде немного .... *(es wurde)* теплее…» Тут мы, граждане судьи, все на полном ходу с машины вон!

— Вы что, ... *(sie haben sich erschrocken)*?

— Как же не .... *(sich erschrecken)*? Раз он покойник, значит, он, должен .... *(liegen)*, а не .... *(sich wie ein Rowdy benehmen)*!

— А что .... *(ist passiert)* с вашей ногой, гражданин Кукуев?

— Ногу — это я, когда с машины .... *(ich sprang)*, ударил обо что-то.

— Оказывается, гражданин Кукуев, вы и ваши товарищи — молодые люди — .... *(ihr glaubt)*, что покойники могут .... *(aufstehen)*. А это стыдно. Если не .... *(zu sagen)* — смешно.

— Правильно! — сказал старик Шапочкин.

— А почему Вы, гражданин Пряхин, не .... *(sie haben befohlen)* .... *(anzuhalten)* машину, когда вы .... *(sahen)*,

было	
глядим,	пошла
думаем, делать	
ехать, стоим	
	сказать
смотреть, глядим	
	сказал
едем, оглядывается	
говорит	показалось
говорит, оглядывайся	
говорит	
двигается	показалось
говорит	брось
шевелится	
говорит	
оглядываемся	
поднимается	
встаёт, говорит	
	стало
	испугались
	испугаться
лежать, хулиганичать	
	случилось
прыгал	
верите	встать
	сказать
	приказали
видели	остановить

что люди на полном ходу с машины .... *(sprangen)*?

Пряхин — человек с усами, ... *(er stand auf)*.

— Именно лично я не видал, что они .... *(sprangen)* и не .... *(ich hörte)* так как машина наша .... *(fuhr)* с необыкновенной скоростью.

Шофёр, который .... *(saß)* рядом с Пряхиным, внезапно .... *(hörte auf)* .... *(zu lächeln)*.

— Это не .... *(gehört)* к делу, сказал шофёр.

— Нет, это очень даже .... *(gehört)* к делу, — сказал председатель. — Вы .... *(Sie werden verantworten)* за эту вашу необыкновенную скорость.

— Но всё в порядке, — жалким голосом .... *(sagte)* шофёр.

— Все живы — здоровы, — .... *(sagte)* Пряхин.

— Должен быть порядок, — .... *(schloss)* старик Шапочкин, — а то что же это получается — .... *(rasen mit)* на машине, черти, а говорят виноваты покойники. Хулиганство!

прыгали	встал
прыгали, слышал	
шла	
сидел	перестал
улыбаться	
относится	
относится	
	ответите
	сказал
	сказал
	заключил
гоняют	

Ein Aspektgedicht

Жан-Пьер весь день гулял в лесу —
пришёл домой в седьмом часу.
Он съел весь сыр, всю колбасу
и спать лёг, но не на кровать,
а на пол, чтобы не проспать.
Он завтра встанет в шесть часов,
откроет банку огурцов,
заварит чай и выйдет в сад,
где мудро яблоки висят,
возьмёт одно и скажет: Вот,
где сила высшая живёт,
нет лучшего примера,
чем сладкий яблочный компот
из сада Жана-Пьера!

Си́льная рука́
часть пе́рвая

Не зна́ю — отку́да во мне сто́лько несме́лости... Она́ и то́лько она́ заставля́ет меня́ ино́й раз выбира́ть лёгкий путь. В э́том сты́дно призна́ться, но е́сли, наприме́р, до моего́ свида́ния с нача́льником кто́-нибудь ска́жет ему́ хоро́шее сло́во обо мне, то у меня́ как бу́дто начина́ют расти́ кры́лья для полёта, я де́лаюсь споко́йным и уве́ренным в со́бственные си́лы. Говорю́ э́то с еди́нственной це́лью убеди́ть вас, что я понима́ю свой недоста́ток.

То, о чём я хочу́ рассказа́ть, произошло́ дово́льно неда́вно. Скажу́ ко́ротко — мне необходи́мо бы́ло, что́бы нача́льник разреши́л мне перейти́ на другу́ю рабо́ту, кото́рая подхо́дит бо́льше и мои́м зна́ниям и возмо́жностям.

Каза́лось бы, всё про́сто? Нет. На́до име́ть сме́лость на серьёзный разгово́р с нача́льником, проси́ть, добива́ться, а э́то, как говори́тся, вы́ше мои́х сил.

Есть у меня́ прия́тель, мы когда́-то вме́сте учи́лись, дружи́ли. Сего́дня он весьма́ знамени́тый челове́к, изве́стный всей стране́. Я не бу́ду называ́ть ни профе́ссии, ни и́мени его́, ни фами́лии. Впро́чем, и́мя я могу́ назва́ть — Константи́н, Ко́стя. В де́тские го́ды его зва́ли Ко́тькой. Живо́й, кре́пкий, весёлый па́рень.

Сейча́с, как я вам уже́ сказа́л, Ко́стя у всех на виду́. Его́ фотогра́фии мо́жно встре́тить в газе́тах, то он сиди́т среди́ това́рищей по профе́ссии, то ещё с ке́м-нибудь. С года́ми Ко́стя измени́лся, э́то поня́тно, но всё-таки, в чём-то оста́лся пре́жним Ко́тькой.

В тот ве́чер я был во Дворце́ спо́рта. И вот во вре́мя переры́ва, когда́ я стоя́л и кури́л, кто́-то, несль́ышно подошёл сза́ди, закры́л мне ладо́нями глаза́. По ладо́ням я чу́вствовал, что э́то был мужчи́на. Я поду́мал не́сколько секу́нд и твёрдо сказа́л:

— Ко́тька!

Челове́к опусти́л ру́ки, я оберну́лся и, к со́бственному удивле́нию, увиде́л, что не оши́бся — пе́редо мной стоя́л Ко́стя.

— Как э́то ты сра́зу узна́л?

— Интуи́ция, — сказа́л я.

Мы поменя́лись впечатле́ниями о спо́рте, а пото́м Ко́стя спроси́л:

— Ты что за́втра де́лаешь во второ́й полови́не дня?

— У меня́ ещё не́сколько свобо́дных дней.

несме́лость Feigheit, Zögern, **заставля́ть** *uv* zwingen
призна́ться *v* zugeben, eingestehen
нача́льник Vorgesetzter, Chef
крыло́, кры́лья *Pl*, Flügel, **полёт** Flug
убеди́ть *v* überzeugen
недоста́ток Fehler, Mangel

добива́ться *uv* erreichen

кре́пкий stark

оста́ться *v* bleiben
пре́жний ehemalig, vorig
дворе́ц Palast, **переры́в** Pause
сза́ди von hinten, **ладо́нь** *f* Handfläche

опусти́ть *v* sinken lassen, senken, **оберну́ться** *v* sich umdrehen, **удивле́ние** Verwunderung, **ошиби́ться** *v* sich irren

впечатле́ние Eindruck

— Запиши́ мой дома́шний а́дрес!
— Заче́м мне запи́сывать? Я его по́мню.
— Забу́дь. Мы уже́ ме́сяц, как там не живём. Жду тебя́ за́втра в четы́ре часа́, посиди́м, поговори́м, вы́пьем по рю́мке коньяку́ и реши́м все пробле́мы жи́зни.
— У тебя́ бу́дут го́сти?
— Да. Зайдёт оди́н това́рищ.
— Кто?
— Ты. Меня́ жена́ оста́вила на неде́лю. К ма́ме пое́хала в Ри́гу. Дава́й, дава́й, пиши́ а́дрес, не теря́й вре́мени.

оста́вить *v* (zurück-)lassen, verlassen
теря́ть *uv* verlieren

T

LERNTIPP

Der Teil des Gehirns, wo alt-neu, unwichtig-wichtig, uninteressant-interessant usw. unterschieden werden, ist der Hippocampus, den M. Spitzer eine Art »Neuigkeitendetektor« nennt.

Für das Lernen ist diese Tätigkeit des Gehirns elementar. Denn wird etwas als neu, bedeutsam, sinnvoll oder interessant identifiziert, bilden sich »neuronale Repräsentationen«.

Der Hippocampus sorgt dafür, dass wichtige Ereignisse in langfristige Speicherstrukturen des Kortex überführt werden. Wann geschieht das? Ganz besonders in unseren Ruhe- und Schlafphasen, z.B. im Tiefschlaf.

nach Heinz Schirp

A

Си́льная рука́
часть пе́рвая

Не знаю — откуда во мне столько несмелости… Она и только она заставляет меня иной раз выбирать лёгкий путь. В этом стыдно признаться, но если, например, до моего свидания с начальником кто-нибудь скажет ему хорошее слово обо мне, то у меня как будто начинают расти крылья для полёта, я делаюсь спокойным и уверенным в собственные силы. Говорю это с единственной целью убедить вас, что я понимаю свой недостаток.

То, о чём я хочу рассказать, произошло довольно недавно. Скажу коротко — мне необходимо было, чтобы начальник разрешил мне перейти на другую работу, которая подходит больше и моим знаниям и возможностям.

Казалось бы, всё просто? Нет. Надо иметь смелость на серьёзный разговор с начальником, просить, добиваться а это, как говорится, выше моих сил.

Есть у меня приятель, мы когда-то вместе учились, дружили. Сегодня он весьма знаменитый человек, известный всей стране. Я не буду называть ни профессии, ни имени его, ни фамилии. Впрочем, имя я могу назвать — Константин, Костя. В детские годы его звали Котькой. Живой, крепкий, весёлый парень.

Сейчас, как я вам уже сказал, Костя у всех на виду. Его фотографии можно встретить в газетах, то он сидит среди товарищей по профессии, то ещё с кем-нибудь. С годами Костя изменился, это понятно, но всё-таки, в чём-то остался прежним Котькой.

В тот вечер я был во Дворце спорта. И вот во время перерыва, когда я стоял и курил, кто-то, неслышно подошёл сзади, закрыл мне ладонями глаза. По ладоням я чувствовал, что это был мужчина. Я подумал несколько секунд и твёрдо сказал:

— Котька!

Человек опустил руки, я обернулся и, к собственному удивлению, увидел, что не ошибся — передо мной стоял Костя.

— Как это ты сразу узнал?

— Интуиция, — сказал я.

Мы поменялись впечатлениями о спорте, а потом Костя спросил:

— Ты что завтра делаешь во второй половине дня?

— У меня ещё несколько свободных дней.

zwingen	заставля́ть	заста́вить
(aus-)wählen	выбира́ть	вы́брать
beginnen	начина́ть	нача́ть
wachsen	расти́	Ø
werden	де́латься	сде́латься
verstehen	понима́ть	поня́ть
wollen	хоте́ть	Ø
passen	подходи́ть	подойти́
es scheint	ка́жется *unpers*	пока́жется *unpers*
haben	име́ть	Ø
bitten	проси́ть	попроси́ть
sich durchsetzen	добива́ться	доби́ться
zur Schule gehen	учи́ться	Ø
befreundet sein	дружи́ть	Ø
(be-)nennen	называ́ть	назва́ть
können	*мочь	*смочь
heißen	звать	Ø
sitzen	сиде́ть	Ø
stehen	стоя́ть	Ø
rauchen	кури́ть	Ø
fühlen	*чу́вствовать	*почу́вствовать
machen	де́лать	сде́лать

— Запиши мой домашний адрес!
— Зачем мне записывать? Я его **помню**.
— Забудь. Мы уже месяц, как там не **живём**. **Жду** тебя завтра в четыре часа, посидим, поговорим, выпьем по рюмке коньяку и решим все проблемы жизни.
— У тебя **будут** гости?
— Да. Зайдёт один товарищ.
— Кто?
— Ты. Меня жена оставила на неделю. К маме поехала в Ригу. **Давай**, **давай**, **пиши** адрес, не **теряй** времени.

sich erinnern	по́мнить	Ø
leben	жить	Ø
(auf-)schreiben	*писа́ть	*написа́ть
verlieren	теря́ть	потеря́ть

A

LERNTIPP

Die Neuronen stellen sich sozusagen immer besser auf bestimmte Inputsignale ein, allerdings nur dann, wenn diese Inputsignale Regelmäßigkeiten und »Musterhaftes« aufweisen. Wären die Inputs immer wieder neu und verschieden, so könnte nichts gelernt werden. Wichtig dabei ist, dass nicht die Dauer eines Inputsignals entscheidend ist, sondern die Häufigkeit, mit der gleiche und ähnliche Inputs auf unsere Neuronen einwirken.

Je häufiger bestimmte ähnliche Muster angeboten werden und als Signale vom Gehirn aufgenommen und verarbeitet werden, desto größer und intensiver wird die Repräsentanz dieser Muster in unserem Gedächtnis. Das verweist darauf, dass wir z. B. Übungsformen favorisieren sollten, die häufiger, aber kürzer angelegt sein sollten.

Heinz Schirp

e-Konjugation		i-Konjugation		
назывáть ↔	**назвáть** -зовý, -зовёшь			(be-)nennen
начинáть ↔	**начáть** начнý, начнёшь			beginnen
дéлаться ↔	**сдéлаться**			werden
кáжется *unpers 3. P* ↔	**покáжется**			es scheint
добивáться ↔	**добúться** -бьюсь, -бьёшься			sich durchsetzen
терять ↔	**потерять**			verlieren
понимáть ↔	**понять** поймý, поймёшь			verstehen
***писáть** пишý, пúшешь ↔	***написáть**			(auf-)schreiben
выбирáть ↔	**вы́брать** вы́беру, вы́берешь			(aus-)wählen
***чýвствовать** -ую, -уешь ↔	***почýвствовать** -ую, -уешь			fühlen
растú растý растёшь				wachsen, gedeihen
имéть -éю, -éешь				haben
хотéть хочý, хóчешь, хóчет, хотúм, хотúте, хотят				wollen
звать зовý, зовёшь				heißen
		дружúть дружý, дрýжишь		befreundet sein
		учúться учýсь, ýчишься		zur Schule gehen, studieren
		стоять стою́, стоúшь		stehen
		курúть курю́, кýришь		rauchen
		пóмнить		sich erinnern

Си́льная рука́
часть пе́рвая

Не знаю — откуда во мне столько несмелости… Она и только она заставляет меня иной раз выбирать лёгкий путь. В этом стыдно **признаться**, но если, например, до моего свидания с начальником кто-нибудь **скажет** ему хорошее слово обо мне, то у меня как будто начинают расти крылья для полёта, я делаюсь спокойным и уверенным в собственные силы. Говорю это с единственной целью **убедить** вас, что я понимаю свой недостаток.

То, о чём я хочу **рассказать**, **произошло** довольно недавно. **Скажу** коротко — мне необходимо было, чтобы начальник **разрешил** мне **перейти** на другую работу, которая подходит больше и моим знаниям и возможностям.

Казалось бы, всё просто? Нет. Надо иметь смелость на серьёзный разговор с начальником, просить, добиваться а это, как говорится, выше моих сил.

Есть у меня приятель, мы когда-то вместе учились, дружили. Сегодня он весьма знаменитый человек, известный всей стране. Я не буду называть ни профессии, ни имени его, ни фамилии. Впрочем, имя я могу **назвать** — Константин, Костя. В детские годы его звали Котькой. Живой, крепкий, весёлый парень.

Сейчас, как я вам уже **сказал**, Костя у всех на виду. Его фотографии можно **встретить** в газетах, то он сидит среди товарищей по профессии, то ещё с кем-нибудь. С годами Костя **изменился**, это понятно, но всё-таки, в чём-то **остался** прежним Котькой.

В тот вечер я был во Дворце спорта. И вот во время перерыва, когда я стоял и курил, кто-то, неслышно **подошёл** сзади, **закрыл** мне ладонями глаза. По ладоням я чувствовал, что это был мужчина. Я **подумал** несколько секунд и твёрдо **сказал**:

— Котька!

Человек **опустил** руки, я **обернулся** и, к собственному удивлению, **увидел**, что не **ошибся** — передо мной стоял Костя.

— Как это ты сразу **узнал**?

— Интуиция, — сказал я.

Мы **поменялись** впечатлениями о спорте, а потом Костя **спросил**:

— Ты что завтра делаешь во второй половине дня?

— У меня ещё несколько свободных дней.

zugeben, eingestehen	признава́ться	призна́ться
überzeugen	убежда́ть	убеди́ть
erzählen	расска́зывать	рассказа́ть
geschehen	происходи́ть	произойти́
erlauben	разреша́ть	разреши́ть
wechseln, übergehen	переходи́ть	перейти́
nennen	называ́ть	назва́ть
treffen	встреча́ть	встре́тить
sich verändern	изменя́ться	измени́ться
bleiben	остава́ться	оста́ться
sich nähern	подходи́ть	подойти́
zudecken	закрыва́ть	закры́ть
denken, überlegen	Ø	поду́мать
sinken lassen	опуска́ть	опусти́ть
sich umdrehen	обора́чиваться	оберну́ться
sich irren	ошиба́ться	ошиби́ться
erkennen	узнава́ть	узна́ть
austauschen	меня́ться	поменя́ться
fragen	спра́шивать	спроси́ть

A

— Запиши мой домашний адрес!
— Зачем мне записывать? Я его помню.
— Забудь. Мы уже месяц, как там не живём. Жду тебя завтра в четыре часа, посидим, поговорим, выпьем по рюмке коньяку и решим все проблемы жизни.
— У тебя будут гости?
— Да. Зайдёт один товарищ.
— Кто?
— Ты. Меня жена оставила на неделю. К маме поехала в Ригу. Давай, давай, пиши адрес, не теряй времени.

aufschreiben	запи́сывать	записа́ть
vergessen	забыва́ть	забы́ть
eine Zeit lang sitzen	Ø	посиде́ть
sich unterhalten	Ø	поговори́ть
(aus-)trinken, leeren	выпива́ть	вы́пить
lösen	реша́ть	реши́ть
vorbeikommen	заходи́ть	зайти́
verlassen, allein lassen	оставля́ть	оста́вить
(los-)fahren	Ø	пое́хать

LERNTIPP

Je intensiver […] Inputs auch in leichter Varianz angeboten werden, desto größer werden auch die im Gehirn entstehenden Repräsentanzflächen und damit eben auch die musterbezogene Speicherkapazität neuronaler Verbände. Für Übungsformen würde das etwa bedeuten, dass sie zusätzlich ganz gezielt leichte Variationen haben sollten, damit für den inhaltlichen Kern des Lerngegenstandes eine breitere neuronale Repräsentanzfläche sich entwickeln kann.

Werden Muster an unterschiedlichen Stellen unseres Gehirns verarbeitet und gespeichert, können sie leichter wieder "erinnert" und für weitere Verarbeitungsprozesse genutzt werden.

nach Heinz Schirp

e-Konjugation		i-Konjugation		
выбира́ть	**вы́брать** -беру, -берешь			auswählen
признава́ться -аю́сь, -ёшься	**призна́ться** -зна́юсь, -призна́ешься			eingestehen, zugeben
закрыва́ть	**закры́ть** -кро́ю, -кро́ешь			zudecken, schließen
ошиба́ться	**ошиби́ться** -бу́сь, -бёшься			sich irren
меня́ться	**поменя́ться**			austauschen
запи́сывать	**записа́ть** -пишу́, -пи́шешь			notieren, aufschreiben
остава́ться -аю́сь, -ёшься	**оста́ться** -ста́нусь, -ста́нешься			bleiben
узнава́ть -знаю́, -знаёшь	**узна́ть** -зна́ю, -зна́ешь			erkennen, erfahren
забыва́ть	**забы́ть** -бу́ду, -бу́дешь			vergessen
выпива́ть	**вы́пить** -пью, -пьешь			(aus-)trinken, leeren
обора́чиваться	**оберну́ться**			sich umdrehen
убежда́ть			**убеди́ть** *1. Pers ungebr* -и́шь	überzeugen überreden
разреша́ть			**разреши́ть** -шу́, -ши́шь	erlauben
реша́ть			**реши́ть** -шу́, -ши́шь	lösen, entscheiden
изменя́ться			**измени́ться** -еню́сь, -е́нишься	sich (ver-)ändern
опуска́ть			**опусти́ть** -пущу́ -пу́стишь	sinken lassen, senken
оставля́ть			**оста́вить** -оста́влю, оста́вишь	verlassen, alleine lassen
	произойти́ -йдёт	**происходи́ть** -хо́дит		geschehen, vorfallen
	зайти́ -йду́, -йдёшь	**заходи́ть** -хожу́, -хо́дишь		kurz vorbeischauen
Verben, die gemäß ihrer Grundbedeutung nur in einem der beiden Aspekte vorkommen				
			посиде́ть -сижу́, -сиди́шь	*eine Zeit lang* sitzen
			поговори́ть	sich *eine Zeit lang* unterhalten
	поду́мать			*eine Zeit lang* nachdenken
	пое́хать -е́ду, -е́дешь			(los-)fahren

R

Си́льная рука́

часть пе́рвая

Не знаю — откуда во мне столько несмелости… Она и только она ____ меня иной раз ____ лёгкий путь. В этом стыдно ____, но если, например, до моего свидания с начальником кто-нибудь ____ ему хорошее слово обо мне, то у меня как будто ____ ____ крылья для полёта, я ____ спокойным и уверенным в собственные силы. ____ это с единственной целью ____ вас, что я ____ свой недостаток.

То, о чём я ____ ____, ____ довольно недавно. ____ коротко — мне необходимо ____, чтобы начальник ____ мне ____ на другую работу, которая ____ больше и моим знаниям и возможностям.

____ бы, всё просто? Нет. Надо ____ смелость на серьёзный разговор с начальником, ____, ____ а это, как ____, выше моих сил.

Есть у меня приятель, мы когда-то вместе ____, ____. Сегодня он весьма знаменитый человек, известный всей стране. Я не ____ ни профессии, ни имени его, ни фамилии. Впрочем, имя я ____ ____ — Константин, Костя. В детские годы его ____ Котькой. Живой, крепкий, весёлый парень.

Сейчас, как я вам уже ____, Костя у всех на виду. Его фотографии можно ____ в газетах, то он ____ среди товарищей по профессии, то ещё с кем-нибудь. С годами Костя ____, это понятно, но всё-таки, в чём-то ____ прежним Котькой.

В тот вечер я ____ во Дворце спорта. И вот во время перерыва, когда я ____ и ____, кто-то, неслышно ____ сзади, ____ мне ладонями глаза. По ладоням я ____, что это был мужчина. Я ____ несколько секунд и твёрдо ____:

zwingt, auszuwählen
zuzugeben
sagt
beginnen
zu wachsen, werden

zu überzeugen, verstehe
möchte erzählen, passierte
ich sage, war
erlaubt zu wechseln
passt

es schien, haben
bitten, sich durchsetzen
man sagt
gingen zur Schule
waren befreundet
werde nennen
ich kann nennen
riefen

ich habe gesagt
treffen, sitzt

hat sich verändert
blieb
war
stand, rauchte
näherte sich, deckte zu
spürte, überlegte
sagte

Не знаю — откуда во мне столько несмелости… Она и только она заставляет меня иной раз выбирать лёгкий путь. В этом стыдно признаться, но если, например, до моего свидания с начальником кто-нибудь скажет ему хорошее слово обо мне, то у меня как будто начинают расти крылья для полёта, я делаюсь спокойным и уверенным в собственные силы. Говорю это с единственной целью убедить вас, что я понимаю свой недостаток.

То, о чём я хочу рассказать, произошло довольно недавно. Скажу коротко — мне необходимо было, чтобы начальник разрешил мне перейти на другую работу, которая подходит больше и моим знаниям и возможностям.

Казалось бы, всё просто? Нет. Надо иметь смелость на серьёзный разговор с начальником, просить, добиваться а это, как говорится, выше моих сил.

Есть у меня приятель, мы когда-то вместе учились, дружили. Сегодня он весьма знаменитый человек, известный всей стране. Я не буду называть ни профессии, ни имени его, ни фамилии. Впрочем, имя я могу назвать — Константин, Костя. В детские годы его звали Котькой. Живой, крепкий, весёлый парень.

Сейчас, как я вам уже сказал, Костя у всех на виду. Его фотографии можно встретить в газетах, то он сидит среди товарищей по профессии, то ещё с кем-нибудь. С годами Костя изменился, это понятно, но всё-таки, в чём-то остался прежним Котькой.

В тот вечер я был во Дворце спорта. И вот во время перерыва, когда я стоял и курил, кто-то, неслышно подошёл сзади, закрыл мне ладонями глаза. По ладоням я чувствовал, что это был мужчина. Я подумал несколько секунд и твёрдо сказал:

— Котька!

Человек ______ руки, я ______ и, к собственному удивлению, ______, что не ______ — передо мной ______ Костя.

— Как это ты сразу ______?

— Интуиция, — сказал я.

Мы ______ впечатлениями о спорте, а потом Костя ______:

— Ты что завтра ______ во второй половине дня?

— У меня ещё несколько свободных дней.

— ______ мой домашний адрес!

— Зачем мне ______? Я его ______.

— ______. Мы уже месяц, как там не ______. ______ тебя завтра в четыре часа, ______, ______, ______ по рюмке коньяку и ______ все проблемы жизни.

— У тебя ______ гости?

— Да. ______ один товарищ.

— Кто?

— Ты. Меня жена ______ на неделю. К маме ______ в Ригу. Давай, давай, ______ адрес, не ______ времени.

senkte, drehte mich um
sah, irrte mich
stand
hast erkannt

tauschten aus
fragte
machst

schreib auf
aufschreiben, erinnere mich
vergiss, ich lebe, ich warte
werden *eine Zeit lang* sitzen, uns
unterhalten, (aus-)trinken, lösen
werden sein
wird vorbeischauen

hat allein gelassen, sie fuhr
schreib, verliere

— Котька!

Человек, опустил руки, я обернулся и, к собственному удивлению, увидел, что не ошибся — передо мной стоял Костя.

— Как это ты сразу узнал?

— Интуиция, — сказал я.

Мы поменялись впечатлениями о спорте, а потом Костя спросил:

— Ты что завтра делаешь во второй половине дня?

— У меня ещё несколько свободных дней.

— Запиши мой домашний адрес!

— Зачем мне записывать? Я его помню.

— Забудь. Мы уже месяц, как там не живём. Жду тебя завтра в четыре часа, посидим, поговорим, выпьем по рюмке коньяку и решим все проблемы жизни.

— У тебя будут гости?

— Да. Зайдёт один товарищ.

— Кто?

— Ты. Меня жена оставила на неделю. К маме поехала в Ригу. Давай, давай, пиши адрес, не теряй времени.

R

Си́льная рука́
часть втора́я

T

На сле́дующий день пе́ред встре́чей с Ко́стей я да́же в мы́слях не име́л говори́ть с ним о моём де́ле. Я про́сто шёл к ста́рому това́рищу посиде́ть час-друго́й и поговори́ть, и, кро́ме того́, че́стно призна́юсь, мне хоте́лось из любопы́тства погляде́ть на него́ и ли́шний раз убеди́ться, что уж для меня́-то он, наве́рное, оста́лся пре́жним Ко́тькой.

Пото́м, у него́ до́ма, когда́ мы посмотре́ли на Москву́ из окна́ двена́дцатого этажа́, осмотре́ли его́ но́вую кварти́ру, се́ли в ку́хню и пи́ли коньяк, я рассказа́л ему́, что мне предстои́т разгово́р с нача́льником, и како́е волне́ние вызыва́ет он у меня́. Ко́стя ли́чно его́ не знал. Для Ко́сти э́то не име́ло никако́го значе́ния, потому́ что Ко́стю-то мой нача́льник не мог знать.

— Е́сли ты вдруг сам реши́шь позвони́ть ему́, он, коне́чно, сра́зу догада́ется, что ты э́то сде́лал по моє́й про́сьбе, а я стою́ ря́дом и с трево́гой жду, что он отве́тит.

Ко́стя пожа́л плеча́ми и перешёл на другу́ю те́му.

Получи́лось нело́вко — пришёл я к дру́гу и вме́сто бесе́ды и воспомина́ний о ю́ных днях не нашёл ничего́ лу́чшего, как нача́ть говори́ть о том, каку́ю ва́жную роль мо́жет сыгра́ть Ко́стин телефо́нный звоно́к.

— Чего́ ты вдруг замолча́л? — спроси́л Ко́стя.

— Руга́ю себя́.

— Мо́лча.

— Э́то ведь лу́чше, моё воспита́ние не разреша́ет ина́че… В о́бщем, счита́й, что я ничего́ не говори́л.

— Пу-пу-пу́ру-пу-пу... — негро́мко запе́л Ко́стя и закури́л. А пото́м помолча́л и спроси́л:

— Ты что-же, в са́мом де́ле счита́ешь, что мой звоно́к мо́жет поде́йствовать на твоего́ нача́льника?

Мне показа́лось, что Ко́стя ждал, что я скажу́:

«Как же твой звоно́к не мо́жет поде́йствовать?»

— Поговори́м о чём-нибудь друго́м, — сказа́л я. — Ты ходи́л зимо́й на лы́жах?

— Да ходи́л…

Ко́стя колеба́лся, я э́то ви́дел.

мысль *f* Gedanke

признава́ться *uv* zugeben
любопы́тство Neugier

осмотре́ть *v* besichtigen
волне́ние Aufregung

догада́ться *v* erraten
трево́га Besorgnis, Unruhe
пожа́ть плеча́ми mit den Schultern zucken
нело́вко peinlich, **воспомина́ние** Erinnerung

замолча́ть *v* verstummen
руга́ть *uv* schimpfen
мо́лча *uv* schweigend

счита́ть *uv* meinen, **поде́йствовать** *v* wirken

колеба́ться *uv* schwanken

— Мы ка́к-то в Звени́город е́здили, — сказа́л я, — там замеча́тельные места́…
— Ла́дно, — сказа́л Ко́стя, — ты зна́ешь но́мер его́ телефо́на?
— Всё-таки хо́чешь ему́ позвони́ть?
— Да.
— А мо́жет… не сто́ит?
— Сто́ит. Как его́ зову́т?
— Анато́лий Андре́евич. Вот но́мер его́ телефо́на, но он…
— Что?
— Он догада́ется, что разгово́р был при мне.
— Не догада́ется.

сто́ит *uv unpers* es lohnt sich

T

LERNTIPP

[Wir brauchen auch …] Ruhephasen, in denen Gelerntes sich »setzen« und »vernetzen« kann, in denen man z. B. einzelne Lernphasen noch einmal mental an sich vorbei ziehen lässt, bestimmte Lernergebnisse sich nochmals »ausmalt« oder das, was man behalten hat, anderen erzählt. Gerade der Zugang, anderen das zu erklären, was man selbst zu verstehen versucht, ist ein wirksames Mittel, neuronale Strukturierungsformen zu unterstützen.

Heinz Schirp

Си́льная рука́

часть втора́я

На следующий день перед встречей с Костей я даже в мыслях не имел говорить с ним о моём деле. Я просто шёл к старому товарищу посидеть час-другой и поговорить, и, кроме того, честно признаюсь, мне хотелось из любопытства поглядеть на него и лишний раз убедиться, что уж для меня-то он, наверное, остался прежним Котькой.

Потом, у него дома, когда мы посмотрели на Москву из окна двенадцатого этажа, осмотрели его новую квартиру, сели в кухню и пили коньяк, я рассказал ему, что мне предстоит разговор с начальником, и какое волнение вызывает он у меня. Костя лично его не знал. Для Кости это не имело никакого значения, потому что Костю-то мой начальник не мог знать.

— Если ты вдруг сам решишь позвонить ему, он, конечно, сразу догадается, что ты это сделал по моей просьбе, а я стою рядом и с тревогой жду, что он ответит.

Костя пожал плечами и перешёл на другую тему.

Получилось неловко — пришёл я к другу и вместо беседы и воспоминаний о юных днях не нашёл ничего лучшего, как начать говорить о том, какую важную роль может сыграть Костин телефонный звонок.

— Чего ты вдруг замолчал? — спросил Костя.

— Ругаю себя.

— Молча.

— Это ведь лучше, моё воспитание не разрешает иначе… В общем, считай, что я ничего не говорил.

— Пу-пу-пуру-пу-пу… — негромко запел Костя и закурил. А потом помолчал и спросил:

— Ты что-же, в самом деле считаешь, что мой звонок может подействовать на твоего начальника?

Мне показалось, что Костя ждал, что я скажу:

«Как же твой звонок не может подействовать?»

— Поговорим о чём-нибудь другом, — сказал я. — Ты ходил зимой на лыжах?

— Да ходил…

Костя колебался, я это видел.

besichtigen	осма́тривать	осмотре́ть
sich setzen	сади́ться	сесть
trinken	пить	Ø
bevorstehen	предстоя́ть	Ø
hervorrufen	вызыва́ть	вы́звать
erraten	дога́дываться	догада́ться
mit den Schultern zucken	пожима́ть	пожа́ть
spielen	Ø	сыгра́ть
verstummen	Ø	замолча́ть
rügen, schimpfen	руга́ть	Ø
schweigen	молча́ть	Ø
meinen, annehmen	счита́ть	Ø
anfangen zu singen	запева́ть	запе́ть
eine Zigarette anzünden	заку́ривать	закури́ть
eine Zeit lang schweigen	Ø	помолча́ть
wirken	де́йствовать	поде́йствовать
warten	ждать	Ø
schwanken	колеба́ться	Ø

— Мы как-то в Звенигород ездили, — сказал я, — там замечательные места…
— Ладно, — сказал Костя, — ты знаешь номер его телефона?
— Всё-таки хочешь ему позвонить?
— Да.
— А может… не стоит?
— Стоит. Как его зовут?
— Анатолий Андреевич. Вот номер его телефона, но он…
— Что?
— Он догадается, что разговор был при мне.
— Не догадается.

fahren *unger*	е́здить	Ø
es lohnt sich	сто́ит *unpers 3. P*	Ø
erraten	дога́дываться	догада́ться

A

LERNTIPP

Neuronale Muster bauen häufig aufeinander auf, bilden gewissermaßen Abfolgen von einfachen zu komplexer werdenden Mustern. Im Prozess des Verstehens durchlaufen wir unterschiedliche Prozesse der Mustererkennung, die von einfachen akustischen oder optischen Wahrnehmungen bis zu dauerhaften Verhaltensänderungen reichen. […] Hören, Verstehen, Akzeptieren und entsprechendes Handeln sind jeweils eigenständige Muster. Sie entstehen nicht automatisch, sondern müssen, jedes einzelne Muster für sich, als eigenständiger Prozess angessehen und im Lerngeschehen entsprechend verankert werden. Die Übergänge zu den jeweils einzelnen Mustern müssen ebenfalls intensiv eingeübt werden. […] Damit sich daraus dann so etwas entwickeln kann wie Routinen (im Sinne von »beibehalten«), bedarf es dann oft immer noch vieler entsprechender Übungs- und Anwendungsphasen.

Heinz Schirp

V

e-Konjugation		i-Konjugation		
вызывáть ◄···►	**вы́звать** -зову, -зовешь			herbeirufen, hervorrufen
догáдываться ◄···►	**догадáться**			erraten
пожимáть ◄···►	**пожáть** -жму́, -жмёшь			leicht drücken, (Achseln) zucken
дéйствовать -вую, -вуешь ◄··►	**подéйствовать**			wirken, beeinflussen
запевáть ◄···►	**запéть** -пою́, -поёшь			anfangen zu singen
осмáтривать ◄···		···►	**осмотрéть** -смотрю́, -смóтришь	besichtigen
закýривать ◄···		···►	**закури́ть** -курю́, -кýришь	eine Zigarette anzünden
				sich setzen
считáть				meinen, annehmen
ждать жду, ждёшь				warten
ругáть				rügen, (be-)schimpfen
колебáться колéблюсь, колéблешься				schwanken
	сыгрáть роль			eine Rolle spielen
		éздить éзжу, éздишь		fahren *unger*
		молчáть молчý, молчи́шь		(still) schweigen
		предстоя́ть -стои́т		bevorstehen
			замолчáть -молчý, -молчи́шь	verstummen
			помолчáть -молчý, -молчи́шь	*eine Zeit lang* schweigen

Си́льная рука́
часть втора́я

На следующий день перед встречей с Костей я даже в мыслях не ____ ____ с ним о моём деле. Я просто ____ к старому товарищу ____ час-другой и ____, и, кроме того, честно ____, мне ____ из любопытства ____ на него и лишний раз ____, что уж для меня-то он, наверное, ____ прежним Котькой.

Потом, у него дома, когда мы ____ на Москву из окна двенадцатого этажа, ____ его новую квартиру, ____ в кухню и ____ коньяк, я ____ ему, что мне ____ разговор с начальником, и какое волнение ____ он у меня. Костя лично его не ____. Для Кости это не ____ никакого значения, потому что Костю-то мой начальник не ____ ____.

— Если ты вдруг сам ____ ____ ему, он, конечно, сразу ____, что ты это ____ по моей просьбе, а я ____ рядом и с тревогой ____, что он ____.

Костя ____ плечами и ____ на другую тему.

____ неловко — ____ я к другу и вместо беседы и воспоминаний о юных днях не ____ ничего лучшего, как ____ ____ о том, какую важную роль ____ ____ Костин телефонный звонок.

— Чего ты вдруг ____? — ____ Костя.

— ____ себя.

— ____.

— Это ведь лучше, моё воспитание не ____ иначе… В общем, ____, что я ничего не ____.

— Пу-пу-пуру-пу-пу… — негромко ____ Костя и ____. А потом ____ и ____:

— Ты что-же, в самом деле ____, что мой звонок ____ ____ на твоего начальника?

Мне ____, что Костя ____, что я ____:

hatte, zu reden
ging, verbringen (sitzen)
ein wenig plaudern, ich gebe zu
wollte, schauen
mich überzeugen, geblieben war

betrachtet hatten
besichtigt hatten
setzten uns, tranken, erzählte
bevorsteht
hervorruft, kannte
hatte
konnte, kennen
entschließt, anzurufen
wird erraten, gemacht hast
stehe, warte, antworten wird
zuckte, wechselte
es ergab sich, ich kam
fand
beginnen zu reden
kann spielen
bist verstummt, fragte
schimpfe
schweigend
erlaubt
nimm an, sagte
fing an zu singen
zu rauchen, schwieg eine Weile, fragte
meinst du
kann, beeinflussen,
schien es, wartete, sage

На следующий день перед встречей с Костей я даже в мыслях не имел говорить с ним о моём деле. Я просто шёл к старому товарищу посидеть час-другой и поговорить, и, кроме того, честно признаюсь, мне хотелось из любопытства поглядеть на него и лишний раз убедиться, что уж для меня-то он, наверное, остался прежним Котькой.

Потом, у него дома, когда мы посмотрели на Москву из окна двенадцатого этажа, осмотрели его новую квартиру, сели в кухню и пили коньяк, я рассказал ему, что мне предстоит разговор с начальником, и какое волнение вызывает он у меня. Костя лично его не знал. Для Кости это не имело никакого значения, потому что Костю-то мой начальник не мог знать.

— Если ты вдруг сам решишь позвонить ему, он, конечно, сразу догадается, что ты это сделал по моей просьбе, а я стою рядом и с тревогой жду, что он ответит.

Костя пожал плечами и перешёл на другую тему.

Получилось неловко — пришёл я к другу и вместо беседы и воспоминаний о юных днях не нашёл ничего лучшего, как начать говорить о том, какую важную роль может сыграть Костин телефонный звонок.

— Чего ты вдруг замолчал? — спросил Костя.

— Ругаю себя.

— Молча.

— Это ведь лучше, моё воспитание не разрешает иначе… В общем, считай, что я ничего не говорил.

— Пу-пу-пуру-пу-пу… — негромко запел Костя и закурил. А потом помолчал и спросил:

— Ты что-же, в самом деле считаешь, что мой звонок может подействовать на твоего начальника?

Мне показалось, что Костя ждал, что я скажу:

R

«Как же твой звонок не ____ ____?»

— ____ о чём-нибудь другом, — ____ я. — Ты ____ зимой на лыжах?

— Да ____…

Костя ____, я это ____.

— Мы как-то в Звенигород ____, — ____ я, — там замечательные места…

— Ладно, — ____ Костя, — ты ____ номер его телефона?

— Всё-таки ____ ему ____?

— Да.

— А может… не ____?

— ____. Как его ____?

— Анатолий Андреевич. Вот номер его телефона, но он…

— Что?

— Он ____, что разговор ____ при мне.

— Не ____.

kann, beeinflussen
reden wir, sagte
bist (Schi) gefahren
bin gefahren
schwankte, sah
fuhren (waren), sagte

sagte, kennst

du willst, anrufen

es lohnt sich
es lohnt sich, heißt

wird erraten, war
wird erraten

«Как же твой звонок не может подействовать?»

— Поговорим о чём-нибудь другом, — сказал я. — Ты ходил зимой на лыжах?

— Да ходил…

Костя колебался, я это видел.

— Мы как-то в Звенигород ездили, — сказал я, — там замечательные места…

— Ладно, — сказал Костя, — ты знаешь номер его телефона?

— Всё-таки хочешь ему позвонить?

— Да.

— А может… не стоит?

— Стоит. Как его зовут?

— Анатолий Андреевич. Вот номер его телефона, но он…

— Что?

— Он догадается, что разговор был при мне.

— Не догадается.

Си́льная рука́
часть тре́тья

Мы прошли́ в кабине́т. Ко́стя снял тру́бку и позвони́л. Ему́ отве́тил секрета́рь.

— Бу́дьте добры́, соедини́те меня́, пожа́луйста, с Анато́лием Андре́евичем. Кто про́сит? Его́ про́сит…

Ко́стя назва́л свою́ фами́лию и по́сле па́узы сказа́л.

— Здра́вствуйте, Анато́лий Андре́евич!.. Извини́те, что побеспоко́ил. Де́ло в том, что у вас рабо́тает оди́н мой ста́рый, хоро́ший това́рищ…

Я стоя́л у окна́ и чу́вствовал, что красне́ю, а Ко́стя говори́л про́сто и свобо́дно.

— Я на днях его́ случа́йно встре́тил. Мы поговори́ли о том и сём, пото́м я спроси́л его́ о рабо́те, о пла́нах на бу́дущее и узна́л, что есть у него́ мечта́ перейти́ на друго́й уча́сток…

— В на́шем же отделе́нии, — ти́хо шепну́л я. Ко́стя по́нял и кивну́л голово́й.

— В ва́шем же отделе́нии. Да. Челове́к он спосо́бный. Что?.. Да, вы пра́вы, есть у него́ э́тот недоста́ток — ро́бок до смешно́го. Е́сли представля́ется кака́я-то возмо́жность ему́ помо́чь, о́чень прошу́ вас, Анато́лий Андре́евич, сде́лайте э́то во и́мя на́шей с ним ста́рой дру́жбы. Спаси́бо. Спаси́бо… — Ко́стя посмотре́л в мою́ сто́рону и кивну́л голово́й. — У меня́ к вам ещё одна́ про́сьба. Мне бы не хоте́лось, что́бы он узна́л о на́шем разгово́ре. Челове́к он с хара́ктером, сра́зу оби́дится, ска́жет — заче́м ты вме́шиваешься? Кто тебя́ проси́л? И так да́лее и тому́ подо́бное. Вы меня́ по́няли? Ну и прекра́сно! Бу́дьте здоро́вы. Жела́ю успе́ха!

Ко́стя положи́л тру́бку.

— Всё. На́до бы́ло бы тебя́ сейча́с посла́ть за коньяко́м, но так как ты у меня́ в гостя́х…

— Конья́к за мной, — сказа́л я. — Как он с тобо́й разгова́ривал?

— Обыкнове́нно. Ты когда́ к нему́ собира́ешься?

— За́втра. Как говори́тся, по све́жим следа́м.

— Пря́мо от него́ приезжа́й ко мне. Расска́жешь, как и что.

— Бу́дет сде́лано, — сказа́л я.

На сле́дующий день я отпра́вился к нача́льнику.

Анато́лий Андре́евич был ве́жлив, — он да́же не по́дал ви́ду, что у него́ состоя́лся тот разгово́р. Он пошути́л, спроси́л меня́, что но́вого, пото́м слу́шал меня́ кра́йне внима́тельно, не перебива́л, и согла́сно кива́л голово́й.

снять *v* abheben
соедини́ть *v* verbinden

то и сё dieses und jenes
мечта́ Wunschtraum
уча́сток Arbeitsbereich
отделе́ние Abteilung, **шепну́ть** *v* flüstern, **кивну́ть** *v* **голово́й** nicken
ро́бкий schüchtern, ängstlich, **представля́ться** *uv* sich ergeben

оби́деться *v* beleidigt sein
вме́шиваться *uv* sich einmischen

тру́бка Hörer
посла́ть *v* schicken

све́жие следы́ frische Spuren

отпра́виться *v* aufbrechen
ве́жливый höflich, **не пода́ть** *v* **ви́ду** sich nichts anmerken lassen, **состоя́ться** *v* stattfinden, **кра́йне** äußerst, sehr, **перебива́ть** *uv* unterbrechen **кива́ть** *uv* nicken

T

— Хочу́ вам сказа́ть, — говори́л он с прия́тной улы́бкой, — что о вас хорошо́ говоря́т, о́чень хорошо́ говоря́т на рабо́те.

улы́бка Lächeln

— О́чень рад, сказа́л я. Мне бы́ло легко́. Пока́ Анато́лий Андре́евич говори́л, я поду́мал о том, что без Ко́стиного звонка́, без его́ си́льной руки́ моё удово́льствие от бесе́ды с нача́льником бы́ло бы бо́лее по́лным.

бесе́да Unterhaltung, Gespräch

— О чём вы заду́мались? — услы́шал я го́лос нача́льника. — Мне ка́жется, вы невнима́тельны.

заду́маться *v* in Nachdenken versinken

— Что вы, Анато́лий Андре́евич, я вас о́чень внима́тельно слу́шаю, — отве́тил я, и мне ста́ло да́же ве́село от мы́сли, что в э́том кабине́те я могу́ позво́лить себе́ быть невнима́тельным.

позво́лить *v* **себе́** sich erlauben

Че́рез де́сять мину́т всё бы́ло решено́ са́мым лу́чшим о́бразом.

LERNTIPP

Gesagt ist noch nicht gehört,
gehört ist noch nicht verstanden,
verstanden ist noch nicht einverstanden,
einverstanden ist noch nicht getan,
getan ist noch nicht beibehalten.

Heinz Schirp

Си́льная рука́
часть тре́тья

Мы прошли в кабинет. Костя снял трубку и позвонил. Ему ответил секретарь.
— Будьте добры, соедините меня, пожалуйста, с Анатолием Андреевичем. Кто просит? Его просит…
Костя назвал свою фамилию и после паузы сказал.
— Здравствуйте, Анатолий Андреевич!.. Извините, что побеспокоил. Дело в том, что у вас работает один мой старый, хороший товарищ…
Я стоял у окна и чувствовал, что краснею, а Костя говорил просто и свободно.
— Я на днях его случайно встретил. Мы поговорили о том и сём, потом я спросил его о работе, о планах на будущее и узнал, что есть у него мечта перейти на другой участок…
— В нашем же отделении, — тихо шепнул я. Костя понял и кивнул головой.
— В вашем же отделении. Да. Человек он способный. Что?.. Да, вы правы, есть у него этот недостаток — робок до смешного. Если представляется какая-то возможность ему помочь, очень прошу вас, Анатолий Андреевич, сделайте это во имя нашей с ним старой дружбы. Спасибо. Спасибо… — Костя посмотрел в мою сторону и кивнул головой. — У меня к вам ещё одна просьба. Мне бы не хотелось, чтобы он узнал о нашем разговоре. Человек он с характером, сразу обидится, скажет — зачем ты вмешиваешься? Кто тебя просил? И так далее и тому подобное. Вы меня поняли? Ну и прекрасно! Будьте здоровы. Желаю успеха!
Костя положил трубку.
— Всё. Надо было бы тебя сейчас послать за коньяком, но так как ты у меня в гостях…
— Коньяк за мной, — сказал я. — Как он с тобой разговаривал?
— Обыкновенно. Ты когда к нему собираешься?
— Завтра. Как говорится, по свежим следам.
— Прямо от него приезжай ко мне. Расскажешь, как и что.
— Будет сделано, — сказал я.
На следующий день я отправился к начальнику.
Анатолий Андреевич был вежлив, — он даже не подал виду, что у него

gelangen	проходи́ть	пройти́
abheben	снима́ть	снять
verbinden	соединя́ть	соедини́ть
bitten	проси́ть	попроси́ть
stören		
rot werden, erröten	*красне́ть	*покрасне́ть
flüstern	шепта́ть	шепну́ть *einm*
nicken	кива́ть	кивну́ть *einm*
sich einmischen	вме́шиваться	вмеша́ться
sich ergeben	представля́ться	предста́виться
helfen	помога́ть	помо́чь
beleidigt sein, sich gekränkt fühlen	обижа́ться	оби́деться
	вме́шиваться	вмеша́ться
(auf-)legen	класть	положи́ть
schicken	посыла́ть	посла́ть
sich auf den Weg machen	отправля́ться	отпра́виться
den Anschein geben	подава́ть	пода́ть

A

A

состоялся тот разговор. Он пошутил, спросил меня, что нового, потом слушал меня крайне внимательно, не перебивал, и согласно кивал головой.

— Хочу вам сказать, — говорил он с приятной улыбкой, — что о вас хорошо говорят, очень хорошо говорят на работе.

— Очень рад, сказал я. Мне было легко. Пока Анатолий Андреевич говорил, я подумал о том, что без Костиного звонка, без его сильной руки моё удовольствие от беседы с начальником было бы более полным.

— О чём вы задумались? — услышал я голос начальника. — Мне кажется, вы невнимательны.

— Что вы, Анатолий Андреевич, я вас очень внимательно слушаю, — ответил я, и мне стало даже весело от мысли, что в этом кабинете я могу позволить себе быть невнимательным.

Через десять минут всё было решено самым лучшим образом.

stattfinden	Ø	состоя́ться
scherzen	*шути́ть	*пошути́ть
unterbrechen	перебива́ть	переби́ть
nachsinnen	заду́мываться	заду́маться
erlauben	позволя́ть	позво́лить

e-Konjugation		i-Konjugation		
снимáть ↔ ***краснéть** краснéю, -éешь ↔ **посылáть** ↔ **подавáть** -даю́, -даёшь ↔ **перебивáть** ↔ **вмéшиваться** ↔ **заду́мываться** ↔ **шептáть** шепчу́, шéпчешь ↔ **кивáть** ↔	**снять** сниму́, сни́мешь ***покраснéть** **послáть** пошлю́, пошлёшь **подáть** -дам -дашь -даст -дади́м, -дади́те, -даду́т **переби́ть** -бью́, -бьёшь **вмешáться** **заду́маться** **шепну́ть** шепну́, шепнёшь **кивну́ть** кивну́, кивнёшь			herunternehmen, abheben erröten, rot werden schicken, absenden geben, reichen unterbrechen sich einmischen in Nachdenken versinken flüstern nicken
		***шути́ть** шучу́, шу́тишь ↔ **проси́ть** прошу́, про́сишь ↔	***пошути́ть** -шучу́, шу́тишь **попроси́ть** -прошу́, -про́сишь	scherzen bitten
соединя́ть ↔ **представля́ться** ↔ **обижáться** ↔ **класть** кладу́, кладёшь ↔ **отправля́ться** ↔ **позволя́ть** ↔			**соедини́ть** **представáвиться** **оби́деться** -и́жусь, -и́дишься **положи́ть** положу́ поло́жишь **отпрáвиться** -áвлюсь, -áвишься **позво́лить**	vereinigen, verbinden sich vorstellen, sich ergeben beleidigt sein (auf-)legen aufbrechen erlauben
	пройти́ -йду́, -йдёшь ↔	**проходи́ть** -хожу́, -хо́дишь		hinkommen, gelangen
Verben, die gemäß ihrer Grundbedeutung nur in einem der beiden Aspekte vorkommen				
			состоя́ться -стоится	stattfinden

V

Си́льная рука́

часть тре́тья

Мы ___ в кабинет. Костя ___ трубку и ___. Ему ___ секретарь.

— Будьте добры, ___ меня, пожалуйста, с Анатолием Андреевичем. Кто ___? Его ___…

Костя ___ свою фамилию и после паузы ___.

— Здравствуйте, Анатолий Андреевич!.. ___, что ___. Дело в том, что у вас ___ один мой старый, хороший товарищ…

Я ___ у окна и ___, что ___, а Костя ___ просто и свободно.

— Я на днях его случайно ___. Мы ___ о том и сём, потом я ___ его о работе, о планах на будущее и ___, что ___ у него мечта ___ на другой участок…

— В нашем же отделении, — тихо ___ я. Костя ___ и ___ головой.

— В вашем же отделении. Да. Человек он способный. Что?.. Да, вы правы, ___ у него этот недостаток — робок до смешного. Если ___ какая-то возможность ему ___, очень ___ вас, Анатолий Андреевич, ___ это во имя нашей с ним старой дружбы. Спасибо. Спасибо… — Костя ___ в мою сторону и ___ головой. — У меня к вам ещё одна просьба. Мне бы не ___, чтобы он ___ о нашем разговоре. Человек он с характером, сразу ___, ___ — зачем ты ___? Кто тебя ___? И так далее и тому подобное. Вы меня ___? Ну и прекрасно! ___ здоровы. ___ успеха!

Костя ___ трубку.

— Всё. Надо ___ бы тебя сейчас ___ за коньяком, но так как ты у меня в гостях…

— Коньяк за мной, — ___ я. — Как он с тобой

gelangten, hob ab, rief an
antwortete
verbinden Sie
bittet, es bittet
nannte, sagte
entschuldigen Sie
ich störte, arbeitet

stand, spürte, erröte
redete
traf, redeten
fragte
erfuhr, wechseln

flüsterte
verstand, nickte

hat
sich bietet
zu helfen, ich bitte
machen Sie
schaute
nickte
ich möchte, erfährt
wird beleidigt sein, wird sagen
mischst dich ein, hat gebeten
haben verstanden, seien Sie
ich wünsche
legte auf
schicken

sagte

Мы прошли в кабинет. Костя снял трубку и позвонил. Ему ответил секретарь.

— Будьте добры, соедините меня, пожалуйста, с Анатолием Андреевичем. Кто просит? Его просит…

Костя назвал свою фамилию и после паузы сказал.

— Здравствуйте, Анатолий Андреевич!.. Извините, что побеспокоил. Дело в том, что у вас работает один мой старый, хороший товарищ…

Я стоял у окна и чувствовал, что краснею, а Костя говорил просто и свободно.

— Я на днях его случайно встретил. Мы поговорили о том и сём, потом я спросил его о работе, о планах на будущее и узнал, что есть у него мечта перейти на другой участок…

— В нашем же отделении, — тихо шепнул я. Костя понял и кивнул головой.

— В вашем же отделении. Да. Человек он способный. Что?.. Да, вы правы, есть у него этот недостаток — робок до смешного. Если представляется какая-то возможность ему помочь, очень прошу вас, Анатолий Андреевич, сделайте это во имя нашей с ним старой дружбы. Спасибо. Спасибо… — Костя посмотрел в мою сторону и кивнул головой. — У меня к вам ещё одна просьба. Мне бы не хотелось, чтобы он узнал о нашем разговоре. Человек он с характером, сразу обидится, скажет — зачем ты вмешиваешься? Кто тебя просил? И так далее и тому подобное. Вы меня поняли? Ну и прекрасно! Будьте здоровы. Желаю успеха!

Костя положил трубку.

— Всё. Надо было бы тебя сейчас послать за коньяком, но так как ты у меня в гостях…

— Коньяк за мной, — сказал я. — Как он с тобой

___?

— Обыкновенно. Ты когда к нему ___?

— Завтра. Как ___, по свежим следам.

— Прямо от него ___ ко мне. ___, как и что.

— Будет сделано, — сказал я.

На следующий день я ___ к начальнику.

Анатолий Андреевич ___ вежлив, — он даже не ___ виду, что у него ___ тот разговор. Он ___, ___ меня, что нового, потом ___ меня крайне внимательно, не ___, и согласно ___ головой.

— ___ вам ___, — ___ он с приятной улыбкой, — что о вас хорошо ___, очень хорошо ___ на работе.

— Очень рад, ___ я. Мне ___ легко. Пока Анатолий Андреевич ___, я ___ о том, что без Костиного звонка, без его сильной руки моё удовольствие от беседы с начальником ___ бы более полным.

— О чём вы ___? — ___ я голос начальника. — Мне ___, вы невнимательны.

— Что вы, Анатолий Андреевич, я вас очень внимательно ___, — ___ я, и мне ___ даже весело от мысли, что в этом кабинете я ___ ___ себе быть невнимательным.

Через десять минут всё ___ решено самым лучшим образом.

geredet
machst dich auf den Weg
man sagt
komm *fahrend*, wirst erzählen

machte mich auf den Weg
war, gab den Anschein
stattgefunden hat, scherzte
fragte, hörte zu
unterbrach, nickte
möchte sagen, sagte
man redet, man redet

sagte, war
redete, dachte

wäre
sinnen sie nach, hörte
scheint

höre zu, antwortete, wurde
kann erlauben

разговаривал?

— Обыкновенно. Ты когда к нему собираешься?

— Завтра. Как говорится, по свежим следам.

— Прямо от него приезжай ко мне. Расскажешь, как и что.

— Будет сделано, — сказал я.

На следующий день я отправился к начальнику.

Анатолий Андреевич был вежлив, — он даже не подал виду, что у него состоялся тот разговор. Он пошутил, спросил меня, что нового, потом слушал меня крайне внимательно, не перебивал, и согласно кивал головой.

— Хочу вам сказать, — говорил он с приятной улыбкой, — что о вас хорошо говорят, очень хорошо говорят на работе.

— Очень рад, сказал я. Мне было легко. Пока Анатолий Андреевич говорил, я подумал о том, что без Костиного звонка, без его сильной руки моё удовольствие от беседы с начальником было бы более полным.

— О чём вы задумались? — услышал я голос начальника. — Мне кажется, вы невнимательны.

— Что вы, Анатолий Андреевич, я вас очень внимательно слушаю, — ответил я, и мне стало даже весело от мысли, что в этом кабинете я могу позволить себе быть невнимательным.

Через десять минут всё было решено самым лучшим образом.

R

LERNTIPP

Neuronale Entwicklungen verlaufen ganz offensichtlich nicht immer linear, sondern in periodischen Schüben.

Heinz Schirp

Си́льная рука́
часть пе́рвая

Не знаю – откуда во мне столько несмелости… Она и только она .... *(zwingt)* меня .... *(auszuwählen)* лёгкий путь. В этом стыдно .... *(zuzugeben)*, но если, например, до моего свидания с начальником кто-нибудь .... *(sagt)* ему хорошее слово обо мне, то у меня как будто .... *(beginnen)* .... *(zu wachsen)* крылья для полёта, я .... *(werde)* спокойным и уверенным в собственные силы. Говорю это с единственной целью .... *(zu überzeugen)* вас, что я .... *(verstehe)* свой недостаток.

То, о чём я .... *(möchte)* .... *(erzählen)*, ... *(passierte)* довольно недавно. .... *(Ich sage)* коротко — мне необходимо было, чтобы начальник .... *(erlaubt)* мне .... *(zu wechseln)* на другую работу, которая .... *(passt)* больше и моим знаниям и возможностям.

.... *(es schien)* бы, всё просто? Нет. Надо .... *(haben)* смелость на серьёзный разговор с начальником, ... *(bitten)*, ... *(sich durchsetzen)*, а это, как .... *(man sagt)*, выше моих сил.

Есть у меня приятель, мы когда-то вместе .... *(gingen zur Schule)*, ... *(waren befreundet)*. Сегодня он весьма знаменитый человек, известный всей стране. Я не .... *(werde nennen)* ни профессии, ни имени его, ни фамилии. Впрочем, имя я .... *(ich kann)* .... *(nennen)* — Константин, Костя. В детские годы его .... *(riefen)* Котькой. Живой, крепкий, весёлый парень.

Сейчас, как я вам уже .... *(ich habe gesagt)*, Костя у всех на виду. Его фотографии можно .... *(antreffen)* в газетах, то он .... *(sitzt)* среди товарищей по профессии, то ещё с кем-нибудь. С годами Костя .... *(hat sich verändert)*, это понятно, но всё-таки, в чём-то .... *(blieb)* прежним Котькой.

В тот вечер я .... *(war)* во Дворце спорта. И вот во время перерыва, когда я .... *(stand)* и ...., *(rauchte)* кто-то, неслышно .... *(näherte sich)* сзади, ... *(deckte zu)* мне ладонями глаза. По ладоням я .... *(spürte)*, что это был мужчина. Я .... *(überlegte)* несколько секунд и твёрдо сказал:

— Котька!

заставляет, выбирать	
	признаться
	скажет
начинают, расти, делаюсь	
понимаю	убедить
хочу	рассказать, произошло
	скажу
	разрешил, перейти
подходит	
казалось, иметь	
просить, добиваться	
говорится	
учились	
дружили	
буду называть	
могу	назвать
звали	
	сказал
сидит	встретить
	изменился
	остался
был	
стоял, курил	подошёл
чувствовал	закрыл
	подумал

Человек .... *(senkte)* руки, я .... *(drehte mich um)* и, к собственному удивлению, ... *(sah)*, что не .... *(irrte mich)* — передо мной стоял Котька.

— Как это ты сразу .... *(hast erkannt)*?

— Интуиция, — сказал я.

Мы .... *(tauschten aus)* впечатлениями о спорте, а потом Костя .... *(fragte)*:

— Ты что завтра .... *(machst)* во второй половине дня?

— У меня ещё несколько свободных дней.

— .... *(Schreib auf)* мой домашний адрес!

— Зачем мне .... *(aufschreiben)*? Я его .... *(erinnere mich)*.

— .... *(vergiss)*. Мы уже месяц, как там не .... *(leben)*. .... *(Ich warte)* тебя завтра в четыре часа, ... *(wir werden eine Zeit lang sitzen, zusammen sein)*, ... *(werden uns unterhalten)*, ... *(werden trinken)* по рюмке коньяку и .... *(werden lösen)* все проблемы жизни.

— У тебя .... *(werden sein)* гости?

— Да. .... *(Wird vorbeischauen)* один товарищ.

— Кто?

— Ты. Меня жена .... *(hat allein gelassen)* на неделю. К маме .... *(sie fuhr)* в Ригу. Давай, давай, ... *(schreib)* адрес, не .... *(verliere)* времени.

Часть вторая

На следующий день перед встречей с Костей я даже в мыслях не .... *(hatte)* .... *(zu reden)* с ним о моём деле. Я просто .... *(ging)* к старому товарищу .... *(zu verbringen, sitzen)* час-другой и .... *(ein wenig zu plaudern)*, и, кроме того, честно .... *(ich gebe zu)*, мне .... *(wollte)* из любопытства .... *(anschauen)* на него и лишний раз .... *(mich zu überzeugen)*, что уж для меня-то он, наверное, ... *(geblieben war)* прежним Котькой.

Потом, у него дома, когда мы .... *(geschaut hatten)* на Москву из окна двенадцатого этажа, ... *(besichtigt hatten)* его новую квартиру, ... *(setzten uns)* на кухне .... *(tranken)* коньяк, я .... *(erzählte)* ему,

	опустил, обернулся
	увидел, ошибся
	узнал
	поменялись
	спросил
делаешь	
	Запиши
записывать, помню	
живём, Жду	Забудь
	посидим
	поговорим, выпьем
	решим
будут	
	зайдёт
	оставила, поехала
пиши, теряй	
имел	
говорить, шёл	
	посидеть, поговорить
признаюсь, хотелось	
	поглядеть, убедиться
	остался
	посмотрели
	осмотрели
пили	сели, рассказал

что мне .... *(bevorsteht)* разговор с начальником, и какое волнение .... *(hervorruft)* он у меня. Костя лично его не .... *(kannte)*. Для Кости это не .... *(hatte)* никакого значения, потому что Костю-то мой начальник не .... *(konnte kennen)*.

— Если ты вдруг сам .... *(dich entschließt)* .... *(anzurufen)* ему, он, конечно, сразу .... *(wird erraten)*, что ты это .... *(gemacht hast)* по моей просьбе, а я .... *(stehe)* рядом и с тревогой .... *(warte)*, что он .... *(antworten wird)*.

Костя .... *(zuckte)* плечами и .... *(wechselte)* на другую тему.

.... *(es ergab sich)* неловко — .... *(ich kam)* я к другу и вместо беседы и воспоминаний о юных днях не .... *(fand)* ничего лучшего, как .... *(beginnen)* .... *(zu reden)* о том, какую важную роль .... *(kann)* .... *(spielen)* Костин телефонный звонок.

— Чего ты вдруг .... *(bist verstummt)*? — .... *(fragte)* Костя.

— .... *(schimpfe)* себя.

— .... *(schweigend)*.

— Это ведь лучше, моё воспитание не .... *(erlaubt)* иначе… В общем, ... *(nimm an)*, что я ничего не .... *(sagte)*.

— Пу-пу-пуру-пу-пу... — негромко .... *(fing an zu singen)* Костя и .... *(fing an zu rauchen)*. А потом .... *(schwieg eine Weile)* и .... *(fragte)*:

— Ты что-же, в самом деле .... *(meinst du)*, что мой звонок .... *(kann)* .... *(wirken)* на твоего начальника?

Мне .... *(schien es)*, что Костя .... *(wartete)*, что я .... *(sage)*: «Как же твой звонок не .... *(kann)* .... *(Wirkung haben)*?»

— .... *(Reden wir)* о чём нибудь другом, — .... *(sagte)* я. - Ты .... *(gefahren)* зимой на лыжах?

— Да .... *(bin gefahren)*.

Костя .... *(schwankte)*, я это .... *(sah)*.

— Мы как-то в Звенигород .... *(fuhren, waren)*, — .... *(sagte)* я. — там замечательные места…

— Ладно, — .... *(sagte)* Костя, — ты .... *(kennst du)* номер его телефона?

— Всё-таки .... *(du willst)* ему .... *(anrufen)*?

предстоит
вызывает, знал
имело
мог, знать
стою, жду
говорить, может
ругаю
молча
разрешает
считай, говорил
считаешь, может
ждал
может
ходил
ходил
колебался, видел
ездили
знаешь
хочешь

решишь, позвонить
догадается, сделал
ответит
пожал, перешёл
Получилось, пришёл
нашёл
начать
сыграть
замолчал, спросил
запел
закурил, помолчал
спросил
подействовать
показалось, скажу
подействовать
Поговорим, сказал
сказал
сказал
позвонить

— Да.
— А может… не .... *(lohnt sich)*?
— .... *(es lohnt sich)*. Как его .... *(heißt)*?
— Анатолий Андреевич. Вот номер его телефона, но он…
— Что?
— Он .... *(wird erraten)*, что разговор был при мне.
— Не догадается.

Часть третья

Мы .... *(gelangten)* в кабинет. Костя .... *(hob ab)* трубку и .... *(rief an)*. Ему .... *(antwortete)* секретарь.

— Будьте добры, ... *(verbinden Sie)* меня, пожалуйста, с Анатолием Андреевичем. Кто .... *(bittet)*? Его .... *(bittet)*…

Костя .... *(nannte)* свою фамилию и после паузы .... *(sagte)*:

— Здравствуйте, Анатолий Андреевич!.. .... *(entschuldigen Sie)*, что .... *(ich störte)*. Дело в том, что у вас .... *(arbeitet)* один мой старый, хороший товарищ…

Я .... *(stand)* у окна и .... *(spürte)*, что .... *(erröte)*, а Костя .... *(redete)* просто и свободно.

— Я на днях его случайно .... *(traf)*. Мы .... *(redeten)* о том и сём, потом я .... *(fragte)* его о работе, о планах на будущее и .... *(erfuhr)*, что есть у него мечта .... *(wechseln)* на другой участок..

— В нашем же отделении, — тихо .... *(flüsterte)* я. Костя .... *(verstand)* и .... *(nickte)* головой.

— В вашем же отделении. Да. Человек он способный. Что?.. Да, вы правы, ... *(hat)* у него этот недостаток — робок до смешного. Если .... *(sich bietet)* какая-то возможность ему .... *(zu helfen)*, очень .... *(ich bitte)* вас, Анатолий Андреевич, ... *(machen Sie)* это во имя нашей с ним старой дружбы. Спасибо. Спасибо… — Костя .... *(schaute)* в мою сторону и .... *(nickte)* головой. — У меня к вам ещё одна просьба. Мне бы не .... *(ich möchte)*, чтобы он .... *(erfährt)* о нашем разговоре. Человек он с характером, сразу .... *(wird beleidigt sein)*,

стоит	
стоит, зовут	
	догадается
	прошли, снял, позвонил
	ответил
	соедините
просит, просит	
	назвал, сказал
	извините
работает	побеспокоил
стоял, чувствовал, краснею	
говорил	
	встретил, поговорили
	спросил, узнал
	перейти
	шепнул, понял
	кивнул
есть	
представляется	помочь
прошу	сделайте
	посмотрел, кивнул
хотелось	узнал
	обидится

.... *(wird sagen)* — зачем ты вмешиваешься? Кто тебя .... *(hat gebeten)*? И так далее и тому подобное. Вы меня .... *(haben verstanden)*? Ну и прекрасно! .... *(Seien Sie)* здоровы. .... *(Ich wünsche)* успеха!

Костя .... *(legte auf)* трубку.

— Всё. Надо было бы тебя сейчас .... *(schicken)* за коньяком, но так как ты у меня в гостях...

— Коньяк за мной, — .... *(sagte)* я, — Как он с тобой .... *(geredet)*?

— Обыкновенно. Ты когда к нему .... *(machst dich auf den Weg)*?

— Завтра. Как .... *(man sagt)*, по свежим следам.

— Прямо от него .... *(komm)* ко мне. .... *(Wirst erzählen)*, как и что.

— Будет сделано, — сказал я.

На следующий день я .... *(machte mich auf den Weg)* к начальнику.

Анатолий Андреевич .... *(war)* вежлив, — он даже не .... *(gab den Anschein)* виду, что у него .... *(stattgefunden hat)* тот разговор. Он .... *(scherzte)*, ... *(fragte)* меня, что нового, потом .... *(hörte zu)* меня крайне внимательно, не .... *(unterbrach)*, и согласно .... *(nickte)* головой.

— .... *(möchte)* вам .... *(sagen)*, — .... *(sagte)* он с приятной улыбкой, — что о вас хорошо .... *(man redet)*, очень хорошо .... *(man redet)* на работе.

— Очень рад, ... *(sagte)* я. Мне было легко. Пока Анатолий Андреевич .... *(redete)*, я .... *(dachte)* о том, что без Костиного звонка, без его сильной руки моё удовольствие от беседы с начальником .... *(wäre)* более полным.

— О чём вы .... *(sinnen sie nach)*? — .... *(hörte)* я голос начальника. — Мне .... *(scheint)*, вы невнимательны.

— Что, вы Анатолий Андреевич, я вас очень внимательно .... *(höre zu)*, — .... *(antwortete)* я, и мне .... *(wurde)* даже весело от мысли, что в этом кабинете я .... *(kann)* .... *(erlauben)* себе быть невнимательным.

Через десять минут всё было решено самым лучшим образом.

просил	скажет
	поняли
Будьте, Желаю	
	положил
	послать
разговаривал	сказал
	собираешься
говорится	
приезжай	расскажешь
	отправился
был	подал
	состоялся
слушал	пошутил, спросил
перебивал, кивал	
хочу, говорил	сказать
говорят, говорят	
	сказал
говорил	подумал
было бы	
	задумались, услышал
кажется	
слушаю	
	ответил, стало
могу	позволить

Конец

Спустя полчаса я .... *(ich kam)* к Косте с бутылкой коньяку.

Мы .... *(setzten uns)* на диван, и Костя .... *(verlangte)*, чтобы я .... *(erzähle)* о результате разговора с начальником. «Ты .... *(du willst)* .... *(bekommen)* удовольствие от сознания того, как сильна твоя рука, — .... *(dachte)* я. — .... *(Hör zu)* и .... *(freue dich)*. Это твоё право.»

— Значит, мой звонок всё-таки .... *(spielte)* некоторую роль? — .... *(fragte)* Костя, и я по его голосу .... *(verstand)*, что он очень доволен собой. Я .... *(machte)* вид, что не .... *(bemerkte)* этого, и .... *(antwortete)*:

— Сам .... *(du verstehst)*.

— Ксения уже .... *(weiß)*, что у тебя всё в порядке?

— Нет. Я не был дома и даже не .... *(ich habe angerufen)*.

— Сейчас же .... *(ruf an)*, — строго .... *(sagte)* Костя, — .... *(geh hinunter)*, рядом с подъездом есть телефон.

— Я .... *(kann)* и отсюда… — .... *(begann)* я.

— Отсюда ты пока .... *(telefonieren)* не .... *(du kannst)*, — .... *(sagte)* Костя. — Уже неделю этот телефон .... *(steht)* только для красоты. Он ещё не ....*(funktioniert)*. Его .... *(verspre-chen)* .... *(anzuschließen)* не раньше вторника.

Я .... *(schwieg)*. Я долго .... *(schwieg)* и .... *(schaute an)* на Костю, как человек, которого внезапно .... *(man hat aufge-weckt)* среди ночи.

— Какой же ты неблагодарный человек, — без тени улыбки на лице .... *(sagte)* Костя. — Я .... *(habe gemacht)* для тебя такое дело, я .... *(habe gesprochen)* с твоим начальником при помощи телефона, который не .... *(funktioniert)*, и ты не .... *(wirfst dich)* мне на шею с громким криком — спасибо!.. Давай .... *(trinken wir)* за старую дружбу!...

Мы .... *(sie haben angestoßen)* и .... *(tranken, leerten die Gläser)*.

	приехал
	сели, потребовал
	рассказал
хочешь	получить
Слушай	подумал
радуйся	
	сыграл
	спросил, понял
	сделал, заметил
	ответил
понимаешь	
знает	
	позвонил
	позвони, сказал
	спустись
могу	начал
звонить, можешь	
стоит	сказал
работает, обещают	
	включить
молчал, молчал, смотрел	
	разбудили
	сказал, сделал
	поговорил
работает, бросаешься	
	выпьем
	чокнулись, выпили

Erst wenn wir das Glück haben, ein Ganzes, ein Fertiges, ja ein Vollendetes, zum Fragment zu machen, wenn wir daran gehen, es zu lesen, haben wir den Hoch- ja unter Umständen den Höchstgenuss daran.

Thomas Bernhard
»Alte Meister«

Лишь когда нам повезёт сжать до фрагмента нечто целое, завершённое, даже совершенное, собираясь его прочесть, мы испытаем настоящее, может быть даже высшее наслаждение.

Томас Бернхард
«Старые мастера»

TEIL II

Passives Aspektverstehen

T

Парохо́д со смета́ной

В таре́лке с су́пом плыл ма́ленький парохо́д. Его́ бы́ло пло́хо ви́дно, потому́ что от горя́чего су́па поднима́лся густо́й тума́н.

Матро́сы то́лком не понима́ли, как их занесло́ в э́то горя́чее мо́ре с фарфо́ровыми берега́ми. Они́ крича́ли, свисте́ли, дава́ли гудки́. Но, как э́то быва́ет в тума́не, их никто́ не ви́дел и не слы́шал.

Наконе́ц из тума́на вы́плыл грома́дный бело-жёлтый о́стров.

— А́йсберг! — закрича́л вперёдсмотрящий матро́с.

— А́йсберг? — покача́л голово́й капита́н. — В э́том кипятке́?

Но, коне́чно, о́тдал прика́з:

— Стоп, маши́на!

Одна́ко парохо́д не успе́л затормози́ть, и его́ прижа́ло к таинственной скале́. Вперёдсмотрящий чуть не ткну́лся но́сом в о́стров, втяну́л в себя́ во́здух и закрича́л:

— Карто́фель!

— Карто́фель? — изуми́лся капита́н. — Трево́га! Свиста́ть всех наве́рх! По́лный наза́д!

Че́рез мину́ту весь экипа́ж был вы́строен по пра́вому бо́рту.

— Матро́сы! — прогреме́л капита́н. — Вы все зна́ете, что в трю́мах у нас це́нный груз — великоле́пная смета́на. Холоди́льники уже́ с трудо́м рабо́тают в э́том горя́чем мо́ре. Груз стано́вится взрывоопа́сным. Е́сли мы столкнёмся ещё с каки́м-нибудь о́стровом, то взлети́м на во́здух!

Пока́ капита́н говори́л, парохо́д шёл за́дним хо́дом. И тут назадсмотря́щий матро́с закрича́л:

— Земля́! То́лько почему́-то кра́сная!

Э́то оказа́лся о́стров морко́ви.

— Стоп, маши́на! — отда́л прика́з капита́н. — В э́тих усло́виях я прика́зываю выпусти́ть все запа́сы смета́ны и поскоре́е удали́ться в норма́льные во́ды!

Матро́сы бы́стро откры́ли тру́бы, и смета́на вы́ползла в суп.

Когда́ суп на́чали есть, он был горя́чий, и вку́сный, и со смета́ной, а парохо́д уже́ успе́л уплы́ть в холо́дные моря́.

DerDampfermitSauerrahm

In einem Teller mit Suppe fuhr ein kleiner Dampfer. Er war schlecht zu sehen, da von der heißen Suppe dichter Nebel aufstieg.

Die Matrosen verstanden nicht so richtig, wie sie in dieses heiße Meer mit Porzellanufern geraten waren. Sie riefen, pfiffen und gaben Signaltöne ab. Aber, wie das im Nebel so ist – sah und hörte sie niemand.

Schließlich tauchte eine mächtige, weißlich-gelbe Insel aus dem Nebel auf.

»Ein Eisberg!«, rief ein nach vorn blickender Matrose.

»Ein Eisberg?« Der Kapitän schüttelte den Kopf. »In diesem heißen Wasser?«

Aber natürlich gab er den Befehl:

»Stoppt die Motoren!«

Doch der Dampfer konnte nicht mehr rechtzeitig bremsen und wurde an den geheimnisvollen Felsen getrieben. Der nach vorn blickende Matrose stieß sich beinahe die Nase an der Insel, sog tief die Luft ein und rief:

»Eine Kartoffel!«

»Eine Kartoffel?«, rief der Kapitän erstaunt. »Alarm! Alle Mann an Bord! Volle Kraft zurück!«

Nach einer Minute war die ganze Besatzung auf dem Steuerbord in Reih und Glied angetreten.

»Matrosen«, dröhnte der Kapitän, »ihr wisst alle, dass wir im Laderaum wertvolle Fracht haben. Prächtigen Sauerrahm! Die Kühlschränke funktionieren in diesem heißen Meer kaum noch. Die Fracht droht zu explodieren. Falls wir noch einmal mit einer Insel kollidieren, fliegen wir in die Luft!«

Während der Kapitän sprach, fuhr der Dampfer rückwärts. Da rief der nach rückwärts blickende Matrose:

»Land in Sicht! Aber aus irgendeinem Grund ist es rot!«

Das Land stellte sich als eine Rote-Rüben-Insel heraus.

»Stoppt die Motoren!«, befahl der Kapitän. »Unter diesen Bedingungen befehle ich, alle Vorräte an Sauerrahm abzulassen und uns schleunigst in normale Gewässer zurückzuziehen!«

Die Matrosen öffneten schnell die Rohre und der Sauerrahm kroch in die Suppe.

Als man begann, die Suppe zu essen, war sie heiß, lecker und voll Sauerrahm, während es dem Dampfer schon gelungen war, in kalte Gewässer zu fahren.

DerDampfermitSauerrahm

In einem Teller mit Suppe fuhr ein kleiner Dampfer. Er war schlecht zu sehen, da von der heißen Suppe dichter Nebel aufstieg.

Die Matrosen verstanden nicht so richtig, wie sie in dieses heiße Meer mit Porzellanufern geraten waren. Sie riefen, pfiffen und gaben Signaltöne ab. Aber, wie das im Nebel so ist – sah und hörte sie niemand.

Schließlich tauchte eine mächtige, weißlich-gelbe Insel aus dem Nebel auf.

»Ein Eisberg!«, rief ein nach vorn blickender Matrose.

»Ein Eisberg?« Der Kapitän schüttelte den Kopf. »In diesem heißen Wasser?«

Aber natürlich gab er den Befehl:

»Stoppt die Motoren!«

Doch der Dampfer konnte nicht mehr rechtzeitig bremsen und wurde an den geheimnisvollen Felsen getrieben. Der nach vorn blickende Matrose stieß sich beinahe die Nase an der Insel, sog tief die Luft ein und rief:

»Eine Kartoffel!«

»Eine Kartoffel?«, rief der Kapitän erstaunt. »Alarm! Alle Mann an Bord! Volle Kraft zurück!«

Nach einer Minute war die ganze Besatzung auf dem Steuerbord in Reih und Glied angetreten.

»Matrosen«, dröhnte der Kapitän, »ihr wisst alle, dass wir im Laderaum wertvolle Fracht haben. Prächtigen Sauerrahm! Die Kühlschränke funktionieren in diesem heißen Meer kaum noch. Die Fracht droht zu explodieren. Falls wir noch einmal mit einer Insel kollidieren, fliegen wir in die Luft!«

Während der Kapitän sprach, fuhr der Dampfer rückwärts. Da rief der nach rückwärts blickende Matrose:

»Land in Sicht! Aber aus irgendeinem Grund ist es rot!«

Das Land stellte sich als eine Rote-Rüben-Insel heraus.

»Stoppt die Motoren!«, befahl der Kapitän. »Unter diesen Bedingungen befehle ich, alle Vorräte an Sauerrahm abzulassen und uns schleunigst in normale Gewässer zurückzuziehen!«

Die Matrosen öffneten schnell die Rohre und der Sauerrahm kroch in die Suppe.

Als man begann, die Suppe zu essen, war sie heiß, lecker und voll Sauerrahm, während es dem Dampfer schon gelungen war, in kalte Gewässer zu fahren.

Парохóд со сметáной

В тарелке с супом плыл маленький пароход. Его было плохо видно, потому что от горячего супа поднимался густой туман.

Матросы толком не понимали, как их занесло в это горячее море с фарфоровыми берегами. Они кричали, свистели, давали гудки. Но, как это бывает в тумане, их никто не видел и не слышал.

Наконец из тумана выплыл громадный бело-жёлтый остров.

— Айсберг! — закричал вперёдсмотрящий матрос.

— Айсберг? — покачал головой капитан. — В этом кипятке?

Но, конечно, отдал приказ:

— Стоп, машина!

Однако пароход не успел затормозить, и его прижало к таинственной скале. Вперёдсмотрящий чуть не ткнулся носом в остров, втянул в себя воздух и закричал:

— Картофель!

— Картофель? — изумился капитан. — Тревога! Свистать всех наверх! Полный назад!

Через минуту весь экипаж был выстроен по правому борту.

— Матросы! — прогремел капитан. — Вы все знаете, что в трюмах у нас ценный груз — великолепная сметана. Холодильники уже с трудом работают в этом горячем море. Груз становится взрывоопасным. Если мы столкнёмся ещё с каким-нибудь островом, то взлетим на воздух!

Пока капитан говорил, пароход шёл задним ходом. И тут назадсмотрящий матрос закричал:

— Земля! Только почему-то красная!

Это оказался остров моркови.

— Стоп, машина! — отдал приказ капитан. — В этих условиях я приказываю выпустить все запасы сметаны и поскорее удалиться в нормальные воды!

Матросы быстро открыли трубы, и сметана выползла в суп.

Когда суп начали есть, он был горячий, и вкусный, и со сметаной, а пароход уже успел уплыть в холодные моря.

A

Пароход со сметаной

В тарелке с супом плыл маленький пароход. Его было плохо видно, потому что от горячего супа поднимался густой туман.

Матросы толком не понимали, как их занесло в это горячее море с фарфоровыми берегами. Они кричали, свистели, давали гудки. Но, как это бывает в тумане, их никто не видел и не слышал.

Наконец из тумана выплыл громадный бело-жёлтый остров.

— Айсберг! — закричал вперёдсмотрящий матрос.

— Айсберг? — покачал головой капитан. — В этом кипятке?

Но, конечно, отдал приказ:

— Стоп, машина!

Однако пароход не успел затормозить, и его прижало к таинственной скале. Вперёдсмотрящий чуть не ткнулся носом в остров, втянул в себя воздух и закричал:

— Картофель!

— Картофель? — изумился капитан. — Тревога! Свистать всех наверх! Полный назад!

Через минуту весь экипаж был выстроен по правому борту.

— Матросы! — прогремел капитан. — Вы все знаете, что в трюмах у нас ценный груз — великолепная сметана. Холодильники уже с трудом работают в этом горячем море. Груз становится взрывоопасным. Если мы столкнёмся ещё с каким-нибудь островом, то взлетим на воздух!

Пока капитан говорил, пароход шёл задним ходом. И тут назадсмотрящий матрос закричал:

— Земля! Только почему-то красная!

Это оказался остров моркови.

— Стоп, машина! — отдал приказ капитан. — В этих условиях я приказываю выпустить все запасы сметаны и поскорее удалиться в нормальные воды!

Матросы быстро открыли трубы, и сметана выползла в суп.

Когда суп начали есть, он был горячий, и вкусный, и со сметаной, а пароход уже успел уплыть в холодные моря.

DerDampfermitSauerrahm

In einem Teller mit Suppe fuhr ein kleiner Dampfer. Er war schlecht zu sehen, da von der heißen Suppe dichter Nebel aufstieg.

Die Matrosen verstanden nicht so richtig, wie sie in dieses heiße Meer mit Porzellanufern geraten waren. Sie riefen, pfiffen und gaben Signaltöne ab. Aber, wie das im Nebel so ist – sah und hörte sie niemand.

Schließlich tauchte eine mächtige, weißlich-gelbe Insel aus dem Nebel auf.

»Ein Eisberg!«, rief ein nach vorn blickender Matrose.

»Ein Eisberg?« Der Kapitän schüttelte den Kopf. »In diesem heißen Wasser?«

Aber natürlich gab er den Befehl:

»Stoppt die Motoren!«

Doch der Dampfer konnte nicht mehr rechtzeitig bremsen und wurde an den geheimnisvollen Felsen getrieben. Der nach vorn blickende Matrose stieß sich beinahe die Nase an der Insel, sog tief die Luft ein und rief:

»Eine Kartoffel!«

»Eine Kartoffel?«, rief der Kapitän erstaunt. »Alarm! Alle Mann an Bord! Volle Kraft zurück!«

Nach einer Minute war die ganze Besatzung auf dem Steuerbord in Reih und Glied angetreten.

»Matrosen«, dröhnte der Kapitän, »ihr wisst alle, dass wir im Laderaum wertvolle Fracht haben. Prächtigen Sauerrahm! Die Kühlschränke funktionieren in diesem heißen Meer kaum noch. Die Fracht droht zu explodieren. Falls wir noch einmal mit einer Insel kollidieren, fliegen wir in die Luft!«

Während der Kapitän sprach, fuhr der Dampfer rückwärts. Da rief der nach rückwärts blickende Matrose:

»Land in Sicht! Aber aus irgendeinem Grund ist es rot!«

Das Land stellte sich als eine Rote-Rüben-Insel heraus.

»Stoppt die Motoren!«, befahl der Kapitän. »Unter diesen Bedingungen befehle ich, alle Vorräte an Sauerrahm abzulassen und uns schleunigst in normale Gewässer zurückzuziehen!«

Die Matrosen öffneten schnell die Rohre und der Sauerrahm kroch in die Suppe.

Als man begann, die Suppe zu essen, war sie heiß, lecker und voll Sauerrahm, während es dem Dampfer schon gelungen war, in kalte Gewässer zu fahren.

DerDampfermitSauerrahm

In einem Teller mit Suppe fuhr ein kleiner Dampfer. Er war schlecht zu sehen, da von der heißen Suppe dichter Nebel aufstieg.

Die Matrosen verstanden nicht so richtig, wie sie in dieses heiße Meer mit Porzellanufern geraten waren. Sie riefen, pfiffen und gaben Signaltöne ab. Aber, wie das im Nebel so ist – sah und hörte sie niemand.

Schließlich tauchte eine mächtige, weißlich-gelbe Insel aus dem Nebel auf.

»Ein Eisberg!«, rief ein nach vorn blickender Matrose.

»Ein Eisberg?« Der Kapitän schüttelte den Kopf. »In diesem heißen Wasser?«

Aber natürlich gab er den Befehl:

»Stoppt die Motoren!«

Doch der Dampfer konnte nicht mehr rechtzeitig bremsen und wurde an den geheimnisvollen Felsen getrieben. Der nach vorn blickende Matrose stieß sich beinahe die Nase an der Insel, sog tief die Luft ein und rief:

»Eine Kartoffel!«

»Eine Kartoffel?«, rief der Kapitän erstaunt. »Alarm! Alle Mann an Bord! Volle Kraft zurück!«

Nach einer Minute war die ganze Besatzung auf dem Steuerbord in Reih und Glied angetreten.

»Matrosen«, dröhnte der Kapitän, »ihr wisst alle, dass wir im Laderaum wertvolle Fracht haben. Prächtigen Sauerrahm! Die Kühlschränke funktionieren in diesem heißen Meer kaum noch. Die Fracht droht zu explodieren. Falls wir noch einmal mit einer Insel kollidieren, fliegen wir in die Luft!«

Während der Kapitän sprach, fuhr der Dampfer rückwärts. Da rief der nach rückwärts blickende Matrose:

»Land in Sicht! Aber aus irgendeinem Grund ist es rot!«

Das Land stellte sich als eine Rote-Rüben-Insel heraus.

»Stoppt die Motoren!«, befahl der Kapitän. »Unter diesen Bedingungen befehle ich, alle Vorräte an Sauerrahm abzulassen und uns schleunigst in normale Gewässer zurückzuziehen!«

Die Matrosen öffneten schnell die Rohre und der Sauerrahm kroch in die Suppe.

Als man begann, die Suppe zu essen, war sie heiß, lecker und voll Sauerrahm, während es dem Dampfer schon gelungen war, in kalte Gewässer zu fahren.

Парохóд со сметáной

В тарелке с супом плыл маленький пароход. Его было плохо видно, потому что от горячего супа поднимался густой туман.

Матросы толком не понимали, как их занесло в это горячее море с фарфоровыми берегами. Они кричали, свистели, давали гудки. Но, как это бывает в тумане, их никто не видел и не слышал.

Наконец из тумана выплыл громадный бело-жёлтый остров.

— Айсберг! — закричал вперёдсмотрящий матрос.

— Айсберг? — покачал головой капитан. — В этом кипятке?

Но, конечно, отдал приказ:

— Стоп, машина!

Однако пароход не успел затормозить, и его прижало к таинственной скале. Вперёдсмотрящий чуть не ткнулся носом в остров, втянул в себя воздух и закричал:

— Картофель!

— Картофель? — изумился капитан. — Тревога! Свистать всех наверх! Полный назад!

Через минуту весь экипаж был выстроен по правому борту.

— Матросы! — прогремел капитан. — Вы все знаете, что в трюмах у нас ценный груз — великолепная сметана. Холодильники уже с трудом работают в этом горячем море. Груз становится взрывоопасным. Если мы столкнёмся ещё с каким-нибудь островом, то взлетим на воздух!

Пока капитан говорил, пароход шёл задним ходом. И тут назадсмотрящий матрос закричал:

— Земля! Только почему-то красная!

Это оказался остров моркови.

— Стоп, машина! — отдал приказ капитан. — В этих условиях я приказываю выпустить все запасы сметаны и поскорее удалиться в нормальные воды!

Матросы быстро открыли трубы, и сметана выползла в суп.

Когда суп начали есть, он был горячий, и вкусный, и со сметаной, а пароход уже успел уплыть в холодные моря.

В почто́вом отделе́нии

Хорони́ли мы как-то на днях моло́денькую жену́ ста́рого почтме́йстера Сладкопе́рцева.

Закопа́вши краса́вицу, мы, по обы́чаю дедо́в и отцо́в, отпра́вились в почто́вое отделе́ние «помяну́ть» […]

Стари́к-вдове́ц го́рько запла́кал и сказа́л: […]

«Она́ была́ верна́ мне, несмотря́ на то, что ей бы́ло то́лько два́дцать, а мне ско́ро уж шестьдеся́т сту́кнет! Она́ была́ верна́ мне старику́!

Дья́кон, тра́пезовавший с на́ми, красноречи́вым мыча́нием и ка́шлем вы́разил своё сомне́ние.

— Вы не ве́рите, ста́ло быть? — обрати́лся к нему́ вдове́ц.

— Вы сомнева́етесь, а я вам докажу́-с! При моём поведе́нии и хи́тром хара́ктере жена́ моя́ не могла́ измени́ть мне ни в како́м слу́чае. Я хи́трость употребля́л для хране́ния своего́ супру́жеского ло́жа. Слова́ таки́е зна́ю, вро́де как бы паро́ль. Скажу́ эти са́мые слова́ и — ба́ста, могу́ спать в споко́йствии насчёт ве́рности.

— Каки́е же э́то слова́?

— Са́мые просты́е. Я распространя́л по горо́ду нехоро́ший слух. Вам э́тот слух допо́длинно изве́стен. Я говори́л вся́кому: «Жена́ моя́ Алёна нахо́дится в сожи́тельстве с на́шим полицейме́йстером Алексе́ичем Залихва́тским».

Э́тих слов бы́ло доста́точно. Ни оди́н челове́к не осме́ливался уха́живать за Алёной, и́бо боя́лся полицейме́йстерского гне́ва. Как, быва́ло, уви́дят её, так и бегу́т прочь, чтоб Залихва́тский чего́ не поду́мал. Хе-хе-хе.

Ведь с э́тим уса́тым и́долом свяжи́сь, так пото́м не рад бу́дешь, пять протоко́лов соста́вит насчёт санита́рного состоя́ния. […]

— Так жена́ ва́ша, зна́чит, не жила́ с Ива́ном Алексе́ичем? — удиви́лись мы протя́жно. […]

Прошло́ мину́ты три в молча́нии. Мы сиде́ли и молча́ли, и нам бы́ло оби́дно и со́вестно, что нас так хи́тро провёл э́тот то́лстый, красноно́сый стари́к.

— Ну, бог даст, в друго́й раз же́нишься! — проворча́л дья́кон.

Im Postbüro

Vor einigen Tagen waren wir bei der Bestattung der jungen Frau unseres alten Postmeisters Sladkopercev.

Nachdem wir die Schöne verscharrt hatten, begaben wir uns nach der Großväter und der Väter Sitte ins Postbüro zur Gedenkfeier. […]

Der alte Witwer begann bittere Tränen zu vergießen und sagte: […]

»Sie war mir treu, ungeachtet dessen, dass sie nur zwanzig Jahre alt war und ich bald sechzig Jahre auf dem Buckel habe! Sie war treu – mir, einem Greis!«

Der Diakon, der mit uns am Tisch saß, drückte durch ausdrucksvolles Brüllen und Husten seine Zweifel aus.

»Sie glauben mir wohl nicht?«, wandte sich der Witwer an ihn.

»Sie zweifeln, aber ich werde es Ihnen beweisen. Aufgrund meines Verhaltens und meines schlauen Charakters konnte meine Frau mich auf keinen Fall betrügen. Ich gebrauchte eine List, um mein eheliches Lager rein zu halten. Ich kenne nämlich gewisse Worte, etwa in der Art einer Losung. Und wenn ich solche Worte ausspreche – dann basta, dann kann ich, was die Treue betrifft, ruhig schlafen.«

»Was sind denn das für Worte?«

»Die allereinfachsten. Ich verbreitete in der Stadt ein übles Gerücht. Dieses Gerücht ist Ihnen zur Genüge bekannt. Ich sagte jedem: ›Aljona, meine Frau, hat ein Verhältnis mit unserem Polizeichef Ivan Alekseevič Zalichvackij.‹

Diese Worte waren genug. Kein Mensch wagte es daraufhin, Aljona den Hof zu machen, da er den Zorn des Polizeichefs fürchtete. Sobald einer, wie es vorkam, sie erblickte, lief er eiligst davon, damit Zalichvackij sich ja nichts dabei denkt. He-he-he!

Denn wer sich mit diesem schnauzbärtigen Götzenbild anlegt, der wird nicht mehr froh sein. Gleich stellt er fünf Protokolle über den sanitären Zustand zusammen.« […]

»Das heißt also, Ihre Frau hatte gar kein Verhältnis mit Ivan Alekseevič?« – so drückten wir in gedehntem Ton unsere Verwunderung aus. […]

Etwa drei Minuten verstrichen in Schweigen. Wir saßen da und schwiegen, und wir waren verärgert und beschämt, weil dieser dicke, rotnasige Greis uns so schlau hereingelegt hatte.

»Na, Gott gebe, dass du ein zweites Mal heiratest!«, knurrte der Diakon.

Im Postbüro

Vor einigen Tagen waren wir bei der Bestattung der jungen Frau unseres alten Postmeisters Sladkopercev.

Nachdem wir die Schöne verscharrt hatten, begaben wir uns nach der Großväter und der Väter Sitte ins Postbüro zur Gedenkfeier. […]

Der alte Witwer begann bittere Tränen zu vergießen und sagte: […]

»Sie war mir treu, ungeachtet dessen, dass sie nur zwanzig Jahre alt war und ich bald sechzig Jahre auf dem Buckel habe! Sie war treu – mir, einem Greis!«

Der Diakon, der mit uns am Tisch saß, drückte durch ausdrucksvolles Brüllen und Husten seine Zweifel aus.

»Sie glauben mir wohl nicht?«, wandte sich der Witwer an ihn.

»Sie zweifeln, aber ich werde es Ihnen beweisen. Aufgrund meines Verhaltens und meines schlauen Charakters konnte meine Frau mich auf keinen Fall betrügen. Ich gebrauchte eine List, um mein eheliches Lager rein zu halten. Ich kenne nämlich gewisse Worte, etwa in der Art einer Losung. Und wenn ich solche Worte ausspreche – dann basta, dann kann ich, was die Treue betrifft, ruhig schlafen.«

»Was sind denn das für Worte?«

»Die allereinfachsten. Ich verbreitete in der Stadt ein übles Gerücht. Dieses Gerücht ist Ihnen zur Genüge bekannt. Ich sagte jedem: ›Aljona, meine Frau, hat ein Verhältnis mit unserem Polizeichef Ivan Alekseevič Zalichvackij.‹

Diese Worte waren genug. Kein Mensch wagte es daraufhin, Aljona den Hof zu machen, da er den Zorn des Polizeichefs fürchtete. Sobald einer, wie es vorkam, sie erblickte, lief er eiligst davon, damit Zalichvackij sich ja nichts dabei denkt. He-he-he!

Denn wer sich mit diesem schnauzbärtigen Götzenbild anlegt, der wird nicht mehr froh sein. Gleich stellt er fünf Protokolle über den sanitären Zustand zusammen.« […]

»Das heißt also, Ihre Frau hatte gar kein Verhältnis mit Ivan Alekseevič?« – so drückten wir in gedehntem Ton unsere Verwunderung aus. […]

Etwa drei Minuten verstrichen in Schweigen. Wir saßen da und schwiegen, und wir waren verärgert und beschämt, weil dieser dicke, rotnasige Greis uns so schlau hereingelegt hatte.

»Na, Gott gebe, dass du ein zweites Mal heiratest!«, knurrte der Diakon.

В почто́вом отделе́нии

Хоронили мы как-то на днях молоденькую жену старого почтмейстера Сладкоперцева.

Закопавши красавицу, мы, по обычаю дедов и отцов, отправились в почтовое отделение «помянуть» […]

Старик-вдовец горько заплакал и сказал: […]

«Она была верна мне, несмотря на то, что ей было только двадцать, а мне скоро уж шестьдесят стукнет! Она была верна мне старику!

Дьякон, трапезовавший с нами, красноречивым мычанием и кашлем выразил своё сомнение.

— Вы не верите, стало быть? — обратился к нему вдовец.

— Вы сомневаетесь, а я вам докажу-с! При моём поведении и хитром характере жена моя не могла изменить мне ни в каком случае. Я хитрость употреблял для хранения своего супружеского ложа. Слова такие знаю, вроде как бы пароль. Скажу эти самые слова и — баста, могу спать в спокойствии насчёт верности.

— Какие же это слова?

— Самые простые. Я распространял по городу нехороший слух. Вам этот слух доподлинно известен. Я говорил всякому: «Жена моя Алёна находится в сожительстве с нашим полицеймейстером Алексеичем Залихватским».

Этих слов было достаточно. Ни один человек не осмеливался ухаживать за Алёной, ибо боялся полицеймейстерского гнева. Как, бывало, увидят её, так и бегут прочь, чтоб Залихватский чего не подумал. Хе-хе-хе.

Ведь с этим усатым идолом свяжись, так потом не рад будешь, пять протоколов составит насчёт санитарного состояния. […]

— Так жена ваша, значит, не жила с Иваном Алексеичем? — удивились мы протяжно. […]

Прошло минуты три в молчании. Мы сидели и молчали, и нам было обидно и совестно, что нас так хитро провёл этот толстый, красноносый старик.

— Ну, бог даст, в другой раз женишься! — проворчал дьякон.

A

В почто́вом отделе́нии

Хоронили мы как-то на днях молоденькую жену старого почтмейстера Сладкоперцева.

Закопавши красавицу, мы, по обычаю дедов и отцов, отправились в почтовое отделение «помянуть» […]

Старик-вдовец горько заплакал и сказал: […]

«Она была верна мне, несмотря на то, что ей было только двадцать, а мне скоро уж шестьдесят стукнет! Она была верна мне старику!

Дьякон, трапезовавший с нами, красноречивым мычанием и кашлем выразил своё сомнение.

— Вы не верите, стало быть? — обратился к нему вдовец.

— Вы сомневаетесь, а я вам докажу-с! При моём поведении и хитром характере жена моя не могла изменить мне ни в каком случае. Я хитрость употреблял для хранения своего супружеского ложа. Слова такие знаю, вроде как бы пароль. Скажу эти самые слова и — баста, могу спать в спокойствии насчёт верности.

— Какие же это слова?

— Самые простые. Я распространял по городу нехороший слух. Вам этот слух доподлинно известен. Я говорил всякому: «Жена моя Алёна находится в сожительстве с нашим полицеймейстером Алексеичем Залихватским».

Этих слов было достаточно. Ни один человек не осмеливался ухаживать за Алёной, ибо боялся полицеймейстерского гнева. Как, бывало, увидят её, так и бегут прочь, чтоб Залихватский чего не подумал. Хе-хе-хе.

Ведь с этим усатым идолом свяжись, так потом не рад будешь, пять протоколов составит насчёт санитарного состояния. […]

— Так жена ваша, значит, не жила с Иваном Алексеичем? — удивились мы протяжно. […]

Прошло минуты три в молчании. Мы сидели и молчали, и нам было обидно и совестно, что нас так хитро провёл этот толстый, красноносый старик.

— Ну, бог даст, в другой раз женишься! — проворчал дьякон.

Im Postbüro

Vor einigen Tagen waren wir bei der Bestattung der jungen Frau unseres alten Postmeisters Sladkopercev.

Nachdem wir die Schöne verscharrt hatten, begaben wir uns nach der Großväter und der Väter Sitte ins Postbüro zur Gedenkfeier. […]

Der alte Witwer begann bittere Tränen zu vergießen und sagte: […]

»Sie war mir treu, ungeachtet dessen, dass sie nur zwanzig Jahre alt war und ich bald sechzig Jahre auf dem Buckel habe! Sie war treu – mir, einem Greis!«

Der Diakon, der mit uns am Tisch saß, drückte durch ausdrucksvolles Brüllen und Husten seine Zweifel aus.

»Sie glauben mir wohl nicht?«, wandte sich der Witwer an ihn.

»Sie zweifeln, aber ich werde es Ihnen beweisen. Aufgrund meines Verhaltens und meines schlauen Charakters konnte meine Frau mich auf keinen Fall betrügen. Ich gebrauchte eine List, um mein eheliches Lager rein zu halten. Ich kenne nämlich gewisse Worte, etwa in der Art einer Losung. Und wenn ich solche Worte ausspreche – dann basta, dann kann ich, was die Treue betrifft, ruhig schlafen.«

»Was sind denn das für Worte?«

»Die allereinfachsten. Ich verbreitete in der Stadt ein übles Gerücht. Dieses Gerücht ist Ihnen zur Genüge bekannt. Ich sagte jedem: ›Aljona, meine Frau, hat ein Verhältnis mit unserem Polizeichef Ivan Alekseevič Zalichvackij.‹

Diese Worte waren genug. Kein Mensch wagte es daraufhin, Aljona den Hof zu machen, da er den Zorn des Polizeichefs fürchtete. Sobald einer, wie es vorkam, sie erblickte, lief er eiligst davon, damit Zalichvackij sich ja nichts dabei denkt. He-he-he!

Denn wer sich mit diesem schnauzbärtigen Götzenbild anlegt, der wird nicht mehr froh sein. Gleich stellt er fünf Protokolle über den sanitären Zustand zusammen.« […]

»Das heißt also, Ihre Frau hatte gar kein Verhältnis mit Ivan Alekseevič?« – so drückten wir in gedehntem Ton unsere Verwunderung aus. […]

Etwa drei Minuten verstrichen in Schweigen. Wir saßen da und schwiegen, und wir waren verärgert und beschämt, weil dieser dicke, rotnasige Greis uns so schlau hereingelegt hatte.

»Na, Gott gebe, dass du ein zweites Mal heiratest!«, knurrte der Diakon.

R

Im Postbüro

Vor einigen Tagen waren wir bei der Bestattung der jungen Frau unseres alten Postmeisters Sladkopercev.

Nachdem wir die Schöne verscharrt hatten, begaben wir uns nach der Großväter und der Väter Sitte ins Postbüro zur Gedenkfeier. […]

Der alte Witwer begann bittere Tränen zu vergießen und sagte: […]

»Sie war mir treu, ungeachtet dessen, dass sie nur zwanzig Jahre alt war und ich bald sechzig Jahre auf dem Buckel habe! Sie war treu – mir, einem Greis!«

Der Diakon, der mit uns am Tisch saß, drückte durch ausdrucksvolles Brüllen und Husten seine Zweifel aus.

»Sie glauben mir wohl nicht?«, wandte sich der Witwer an ihn.

»Sie zweifeln, aber ich werde es Ihnen beweisen. Aufgrund meines Verhaltens und meines schlauen Charakters konnte meine Frau mich auf keinen Fall betrügen. Ich gebrauchte eine List, um mein eheliches Lager rein zu halten. Ich kenne nämlich gewisse Worte, etwa in der Art einer Losung. Und wenn ich solche Worte ausspreche – dann basta, dann kann ich, was die Treue betrifft, ruhig schlafen.«

»Was sind denn das für Worte?«

»Die allereinfachsten. Ich verbreitete in der Stadt ein übles Gerücht. Dieses Gerücht ist Ihnen zur Genüge bekannt. Ich sagte jedem: ›Aljona, meine Frau, hat ein Verhältnis mit unserem Polizeichef Ivan Alekseevič Zalichvackij.‹

Diese Worte waren genug. Kein Mensch wagte es daraufhin, Aljona den Hof zu machen, da er den Zorn des Polizeichefs fürchtete. Sobald einer, wie es vorkam, sie erblickte, lief er eiligst davon, damit Zalichvackij sich ja nichts dabei denkt. He-he-he!

Denn wer sich mit diesem schnauzbärtigen Götzenbild anlegt, der wird nicht mehr froh sein. Gleich stellt er fünf Protokolle über den sanitären Zustand zusammen.« […]

»Das heißt also, Ihre Frau hatte gar kein Verhältnis mit Ivan Alekseevič?« – so drückten wir in gedehntem Ton unsere Verwunderung aus. […]

Etwa drei Minuten verstrichen in Schweigen. Wir saßen da und schwiegen, und wir waren verärgert und beschämt, weil dieser dicke, rotnasige Greis uns so schlau hereingelegt hatte.

»Na, Gott gebe, dass du ein zweites Mal heiratest!«, knurrte der Diakon.

В почто́вом отделе́нии

Хоронили мы как-то на днях молоденькую жену старого почтмейстера Сладкоперцева.

Закопавши красавицу, мы, по обычаю дедов и отцов, отправились в почтовое отделение «помянуть» […]

Старик-вдовец горько заплакал и сказал: […]

«Она была верна мне, несмотря на то, что ей было только двадцать, а мне скоро уж шестьдесят стукнет! Она была верна мне старику!

Дьякон, трапезовавший с нами, красноречивым мычанием и кашлем выразил своё сомнение.

— Вы не верите, стало быть? — обратился к нему вдовец.

— Вы сомневаетесь, а я вам докажу-с! При моём поведении и хитром характере жена моя не могла изменить мне ни в каком случае. Я хитрость употреблял для хранения своего супружеского ложа. Слова такие знаю, вроде как бы пароль. Скажу эти самые слова и — баста, могу спать в спокойствии насчёт верности.

— Какие же это слова?

— Самые простые. Я распространял по городу нехороший слух. Вам этот слух доподлинно известен. Я говорил всякому: «Жена моя Алёна находится в сожительстве с нашим полицеймейстером Алексеичем Залихватским».

Этих слов было достаточно. Ни один человек не осмеливался ухаживать за Алёной, ибо боялся полицеймейстерского гнева. Как, бывало, увидят её, так и бегут прочь, чтоб Залихватский чего не подумал. Хе-хе-хе.

Ведь с этим усатым идолом свяжись, так потом не рад будешь, пять протоколов составит насчёт санитарного состояния. […]

— Так жена ваша, значит, не жила с Иваном Алексеичем? — удивились мы протяжно. […]

Прошло минуты три в молчании. Мы сидели и молчали, и нам было обидно и совестно, что нас так хитро провёл этот толстый, красноносый старик.

— Ну, бог даст, в другой раз женишься! — проворчал дьякон.

R

Нос

T

Ма́рта 25 числа́ случи́лось в Петербу́рге необыкнове́нно стра́нное происше́ствие. Цирю́льник Ива́н Яковлевич, живу́щий на Вознесе́нском проспе́кте [...], просну́лся дово́льно ра́но и услы́шал за́пах горя́чего хле́ба. Приподня́вшись немно́го на крова́ти, он уви́дел, что супру́га его́, дово́льно почте́нная да́ма, о́чень люби́вшая пить ко́фей, вынима́ла из печи́ то́лько что испечённые хле́бы.

— Сего́дня я, Праско́вья О́сиповна, не бу́ду пить ко́фей, — сказа́л Ива́н Я́ковлевич, — а вме́сто того́ хо́чется мне съесть горя́чего хлебца́ с лу́ком.

(То есть Ива́н Я́ковлевич хоте́л бы и того́ и друго́го, но знал, что бы́ло соверше́нно невозмо́жно тре́бовать двух веще́й ра́зом: и́бо Праско́вья О́сиповна о́чень не люби́ла таки́х при́хотей.)

«Пусть дура́к ест хлеб; мне же лу́чше — поду́мала про себя́ супру́га, — оста́нется ко́фию ли́шняя по́рция». И бро́сила оди́н хлеб на стол.

Ива́н Я́ковлевич для прили́чия наде́л сверх руба́шки фрак и, усе́вшись пе́ред столо́м, насы́пал соль, пригото́вил две голо́вки лу́ку, взял в ру́ки нож и, сде́лавши значи́тельную ми́ну, при́нялся ре́зать хлеб. Разре́завши хлеб на две полови́ны, он погляде́л в середи́ну и к удивле́нию своему́ уви́дел что-то беле́вшееся. Ива́н Я́ковлевич ковырну́л осторо́жно ножо́м и пощу́пал па́льцем. «Пло́тное?» — сказа́л он сам про себя́, — что бы э́то тако́е бы́ло?»

Он засу́нул па́льцы и вы́тащил — нос!.. Ива́н Я́ковлевич и ру́ки опусти́л; стал протира́ть глаза́ и щу́пать: нос, то́чно нос! И ещё, каза́лось, как бу́дто чей-то знако́мый. У́жас изобрази́лся в лице́ Ива́на Я́ковлевича. Но э́тот у́жас был ничто́ про́тив негодова́ния, кото́рое овладе́ло его́ супру́гою.

— Где э́то ты, зверь, отре́зал нос? — закрича́ла она́ с гне́вом. — Моше́нник! Пья́ница! Я сама́ на тебя́ донесу́ поли́ции. Разбо́йник како́й! [...]

Die Nase

Am 25. März trug sich in St. Petersburg ein außerordentlich sonderbarer Vorfall zu. Der Barbier Ivan Jakovlevič, wohnhaft am Voznesenskij-Prospekt, [...] erwachte ziemlich früh und roch den Duft von warmem Brot. Als er sich ein wenig im Bett aufgerichtet hatte, sah er, dass seine Gemahlin, eine ziemlich respektable Dame, die überaus gerne Kaffee trank, gerade frisch gebackene Brotlaibe aus dem Ofen zog.

»Heute, Praskovja Osipovna, werde ich keinen Kaffee trinken«, sagte Ivan Jakovlevič, »aber dafür möchte ich ein warmes Brot mit Zwiebeln essen.«

(Das heißt, Ivan Jakovlevič hätte gerne das eine wie das andere gehabt, wusste jedoch, dass es völlig unmöglich war, zwei Dinge gleichzeitig zu verlangen, da Praskovja Osipovna derartige Launen gar nicht liebte.)

»Soll der Dummkopf nur Brot essen; um so besser für mich«, überlegte die Gemahlin im Stillen. »So bleibt eine Portion Kaffee für mich übrig.« Und sie warf ein Brot auf den Tisch.

Ivan Jakovlevič zog anstandshalber seinen Frack über das Hemd, setzte sich an den Tisch, streute ein Häufchen Salz auf, legte zwei Zwiebelknollen bereit, nahm das Messer in die Hand und machte sich mit gewichtiger Miene daran, das Brot zu schneiden. Nachdem er das Brot in zwei Hälften geteilt hatte, besah er sich das Innere und erblickte zu seinem Erstaunen etwas Weißliches. Ivan Jakovlevič bohrte vorsichtig mit dem Messer hinein und betastete es mit dem Finger. »Etwas Hartes?«, sagte er sich. »Was könnte das sein?«

Er steckte seine Finger tiefer hinein und zog etwas heraus – eine Nase! Ivan Jakovlevič ließ die Arme sinken; er begann, sich die Augen zu reiben und es erneut zu befühlen: eine Nase, wirklich eine Nase! Und obendrein kam sie ihm bekannt vor. Entsetzen spiegelte sich auf dem Gesicht von Ivan Jakovlevič. Dieses Entsetzen jedoch war nichts gegen die Empörung, die seine Gemahlin befiel.

»Wo hast du Bestie diese Nase abgeschnitten?«, schrie sie zornig. »Gauner! Säufer! Ich werde dich selbst bei der Polizei anzeigen. So ein Räuber! [...]« [...]

Die Nase

Am 25. März trug sich in St. Petersburg ein außerordentlich sonderbarer Vorfall zu. Der Barbier Ivan Jakovlevič, wohnhaft am Voznesenskij-Prospekt, […] erwachte ziemlich früh und roch den Duft von warmem Brot. Als er sich ein wenig im Bett aufgerichtet hatte, sah er, dass seine Gemahlin, eine ziemlich respektable Dame, die überaus gerne Kaffee trank, gerade frisch gebackene Brotlaibe aus dem Ofen zog.

»Heute, Praskovja Osipovna, werde ich keinen Kaffee trinken«, sagte Ivan Jakovlevič, »aber dafür möchte ich ein warmes Brot mit Zwiebeln essen.«

(Das heißt, Ivan Jakovlevič hätte gerne das eine wie das andere gehabt, wusste jedoch, dass es völlig unmöglich war, zwei Dinge gleichzeitig zu verlangen, da Praskovja Osipovna derartige Launen gar nicht liebte.)

»Soll der Dummkopf nur Brot essen; um so besser für mich«, überlegte die Gemahlin im Stillen. »So bleibt eine Portion Kaffee für mich übrig.« Und sie warf ein Brot auf den Tisch.

Ivan Jakovlevič zog anstandshalber seinen Frack über das Hemd, setzte sich an den Tisch, streute ein Häufchen Salz auf, legte zwei Zwiebelknollen bereit, nahm das Messer in die Hand und machte sich mit gewichtiger Miene daran, das Brot zu schneiden. Nachdem er das Brot in zwei Hälften geteilt hatte, besah er sich das Innere und erblickte zu seinem Erstaunen etwas Weißliches. Ivan Jakovlevič bohrte vorsichtig mit dem Messer hinein und betastete es mit dem Finger. »Etwas Hartes?«, sagte er sich. »Was könnte das sein?«

Er steckte seine Finger tiefer hinein und zog etwas heraus – eine Nase! Ivan Jakovlevič ließ die Arme sinken; er begann, sich die Augen zu reiben und sie erneut zu befühlen: eine Nase, wirklich eine Nase! Und obendrein kam sie ihm bekannt vor. Entsetzen spiegelte sich auf dem Gesicht von Ivan Jakovlevič. Dieses Entsetzen jedoch war nichts gegen die Empörung, die seine Gemahlin befiel.

»Wo hast du Bestie diese Nase abgeschnitten?«, schrie sie zornig. »Gauner! Säufer! Ich werde dich selbst bei der Polizei anzeigen. So ein Räuber! […]« […]

Нос

Марта 25 числа случилось в Петербурге необыкновенно странное происшествие. Цирюльник Иван Яковлевич, живущий на Вознесенском проспекте […], проснулся довольно рано и услышал запах горячего хлеба. Приподнявшись немного на кровати, он увидел, что супруга его, довольно почтенная дама, очень любившая пить кофей, вынимала из печи только что испечённые хлебы.

— Сегодня я, Прасковья Осиповна, не буду пить кофей, — сказал Иван Яковлевич, — а вместо того хочется мне съесть горячего хлебца с луком.

(То есть Иван Яковлевич хотел бы и того и другого, но знал, что было совершенно невозможно требовать двух вещей разом: ибо Прасковья Осиповна очень не любила таких прихотей.)

«Пусть дурак ест хлеб; мне же лучше — подумала про себя супруга, — останется кофию лишняя порция». И бросила один хлеб на стол.

Иван Яковлевич для приличия надел сверх рубашки фрак и, усевшись перед столом, насыпал соль, приготовил две головки луку, взял в руки нож и, сделавши значительную мину, принялся резать хлеб. Разрезавши хлеб на две половины, он поглядел в середину и к удивлению своему увидел что-то белевшееся. Иван Яковлевич ковырнул осторожно ножом и пощупал пальцем. «Плотное?» — сказал он сам про себя, — что бы это такое было?»

Он засунул пальцы и вытащил — нос!.. Иван Яковлевич и руки опустил; стал протирать глаза и щупать: нос, точно нос! И ещё, казалось, как будто чей-то знакомый. Ужас изобразился в лице Ивана Яковлевича. Но этот ужас был ничто против негодования, которое овладело его супругою.

— Где это ты, зверь, отрезал нос? — закричала она с гневом. — Мошенник! Пьяница! Я сама на тебя донесу полиции. Разбойник какой! […]

A

Нос

Марта 25 числа случилось в Петербурге необыкновенно странное происшествие. Цирюльник Иван Яковлевич, живущий на Вознесенском проспекте […], проснулся довольно рано и услышал запах горячего хлеба. Приподнявшись немного на кровати, он увидел, что супруга его, довольно почтенная дама, очень любившая пить кофей, вынимала из печи только что испечённые хлебы.

— Сегодня я, Прасковья Осиповна, не буду пить кофей, — сказал Иван Яковлевич, — а вместо того хочется мне съесть горячего хлебца с луком.

(То есть Иван Яковлевич хотел бы и того и другого, но знал, что было совершенно невозможно требовать двух вещей разом: ибо Прасковья Осиповна очень не любила таких прихотей.)

«Пусть дурак ест хлеб; мне же лучше — подумала про себя супруга, — останется кофию лишняя порция». И бросила один хлеб на стол.

Иван Яковлевич для приличия надел сверх рубашки фрак и, усевшись перед столом, насыпал соль, приготовил две головки луку, взял в руки нож и, сделавши значительную мину, принялся резать хлеб. Разрезавши хлеб на две половины, он поглядел в середину и к удивлению своему увидел что-то белевшееся. Иван Яковлевич ковырнул осторожно ножом и пощупал пальцем. «Плотное?» — сказал он сам про себя, — что бы это такое было?»

Он засунул пальцы и вытащил — нос!.. Иван Яковлевич и руки опустил; стал протирать глаза и щупать: нос, точно нос! И ещё, казалось, как будто чей-то знакомый. Ужас изобразился в лице Ивана Яковлевича. Но этот ужас был ничто против негодования, которое овладело его супругою.

— Где это ты, зверь, отрезал нос? — закричала она с гневом. — Мошенник! Пьяница! Я сама на тебя донесу полиции. Разбойник какой! […]

R

Die Nase

Am 25. März trug sich in St. Petersburg ein außerordentlich sonderbarer Vorfall zu. Der Barbier Ivan Jakovlevič, wohnhaft am Voznesenskij-Prospekt, […] erwachte ziemlich früh und roch den Duft von warmem Brot. Als er sich ein wenig im Bett aufgerichtet hatte, sah er, dass seine Gemahlin, eine ziemlich respektable Dame, die überaus gerne Kaffee trank, gerade frisch gebackene Brotlaibe aus dem Ofen zog.

»Heute, Praskovja Osipovna, werde ich keinen Kaffee trinken«, sagte Ivan Jakovlevič, »aber dafür möchte ich ein warmes Brot mit Zwiebeln essen.«

(Das heißt, Ivan Jakovlevič hätte gerne das eine wie das andere gehabt, wusste jedoch, dass es völlig unmöglich war, zwei Dinge gleichzeitig zu verlangen, da Praskovja Osipovna derartige Launen gar nicht liebte.)

»Soll der Dummkopf nur Brot essen; um so besser für mich«, überlegte die Gemahlin im Stillen. »So bleibt eine Portion Kaffee für mich übrig.« Und sie warf ein Brot auf den Tisch.

Ivan Jakovlevič zog anstandshalber seinen Frack über das Hemd, setzte sich an den Tisch, streute ein Häufchen Salz auf, legte zwei Zwiebelknollen bereit, nahm das Messer in die Hand und machte sich mit gewichtiger Miene daran, das Brot zu schneiden. Nachdem er das Brot in zwei Hälften geteilt hatte, besah er sich das Innere und erblickte zu seinem Erstaunen etwas Weißliches. Ivan Jakovlevič bohrte vorsichtig mit dem Messer hinein und betastete es mit dem Finger. »Etwas Hartes?«, sagte er sich. »Was könnte das sein?«

Er steckte seine Finger tiefer hinein und zog etwas heraus – eine Nase! Ivan Jakovlevič ließ die Arme sinken; er begann, sich die Augen zu reiben und sie erneut zu befühlen: eine Nase, wirklich eine Nase! Und obendrein kam sie ihm bekannt vor. Entsetzen spiegelte sich auf dem Gesicht von Ivan Jakovlevič. Dieses Entsetzen jedoch war nichts gegen die Empörung, die seine Gemahlin befiel.

»Wo hast du Bestie diese Nase abgeschnitten?«, schrie sie zornig. »Gauner! Säufer! Ich werde dich selbst bei der Polizei anzeigen. So ein Räuber! […]« […]

Die Nase

Am 25. März trug sich in St. Petersburg ein außerordentlich sonderbarer Vorfall zu. Der Barbier Ivan Jakovlevič, wohnhaft am Voznesenskij-Prospekt, […] erwachte ziemlich früh und roch den Duft von warmem Brot. Als er sich ein wenig im Bett aufgerichtet hatte, sah er, dass seine Gemahlin, eine ziemlich respektable Dame, die überaus gerne Kaffee trank, gerade frisch gebackene Brotlaibe aus dem Ofen zog.

»Heute, Praskovja Osipovna, werde ich keinen Kaffee trinken«, sagte Ivan Jakovlevič, »aber dafür möchte ich ein warmes Brot mit Zwiebeln essen.«

(Das heißt, Ivan Jakovlevič hätte gerne das eine wie das andere gehabt, wusste jedoch, dass es völlig unmöglich war, zwei Dinge gleichzeitig zu verlangen, da Praskovja Osipovna derartige Launen gar nicht liebte.)

»Soll der Dummkopf nur Brot essen; um so besser für mich«, überlegte die Gemahlin im Stillen. »So bleibt eine Portion Kaffee für mich übrig.« Und sie warf ein Brot auf den Tisch.

Ivan Jakovlevič zog anstandshalber seinen Frack über das Hemd, setzte sich an den Tisch, streute ein Häufchen Salz auf, legte zwei Zwiebelknollen bereit, nahm das Messer in die Hand und machte sich mit gewichtiger Miene daran, das Brot zu schneiden. Nachdem er das Brot in zwei Hälften geteilt hatte, besah er sich das Innere und erblickte zu seinem Erstaunen etwas Weißliches. Ivan Jakovlevič bohrte vorsichtig mit dem Messer hinein und betastete es mit dem Finger. »Etwas Hartes?«, sagte er sich. »Was könnte das sein?«

Er steckte seine Finger tiefer hinein und zog etwas heraus – eine Nase! Iwan Jakovlevič ließ die Arme sinken; er begann, sich die Augen zu reiben und sie erneut zu befühlen: eine Nase, wirklich eine Nase! Und obendrein kam sie ihm bekannt vor. Entsetzen spiegelte sich auf dem Gesicht von Ivan Jakovlevič. Dieses Entsetzen jedoch war nichts gegen die Empörung, die seine Gemahlin befiel.

»Wo hast du Bestie diese Nase abgeschnitten?«, schrie sie zornig. »Gauner! Säufer! Ich werde dich selbst bei der Polizei anzeigen. So ein Räuber! […]« […]

Нос

Марта 25 числа случилось в Петербурге необыкновенно странное происшествие. Цирюльник Иван Яковлевич, живущий на Вознесенском проспекте […], проснулся довольно рано и услышал запах горячего хлеба. Приподнявшись немного на кровати, он увидел, что супруга его, довольно почтенная дама, очень любившая пить кофей, вынимала из печи только что испечённые хлебы.

— Сегодня я, Прасковья Осиповна, не буду пить кофей, — сказал Иван Яковлевич, — а вместо того хочется мне съесть горячего хлебца с луком.

(То есть Иван Яковлевич хотел бы и того и другого, но знал, что было совершенно невозможно требовать двух вещей разом: ибо Прасковья Осиповна очень не любила таких прихотей.)

«Пусть дурак ест хлеб; мне же лучше — подумала про себя супруга, — останется кофию лишняя порция». И бросила один хлеб на стол.

Иван Яковлевич для приличия надел сверх рубашки фрак и, усевшись перед столом, насыпал соль, приготовил две головки луку, взял в руки нож и, сделавши значительную мину, принялся резать хлеб. Разрезавши хлеб на две половины, он поглядел в середину и к удивлению своему увидел что-то белевшееся. Иван Яковлевич ковырнул осторожно ножом и пощупал пальцем. «Плотное?» — сказал он сам про себя, — что бы это такое было?»

Он засунул пальцы и вытащил — нос!.. Иван Яковлевич и руки опустил; стал протирать глаза и щупать: нос, точно нос! И ещё, казалось, как будто чей-то знакомый. Ужас изобразился в лице Ивана Яковлевича. Но этот ужас был ничто против негодования, которое овладело его супругою.

— Где это ты, зверь, отрезал нос? — закричала она с гневом. — Мошенник! Пьяница! Я сама на тебя донесу полиции. Разбойник какой! […]

R

T

Ре́пка
Перево́д с де́тского

Жи́ли-бы́ли себе́ дед да ба́ба. Жи́ли-бы́ли и породи́ли Се́ржа. У Се́ржа у́ши дли́нные и вме́сто головы́ ре́пка. Вы́рос Серж большо́й-пребольшо́й… Потяну́л дед за у́ши; тя́нет-потя́нет, вы́тянуть в лю́ди не мо́жет. Кли́кнул дед ба́бку.

Ба́бка за де́дку, де́дка за ре́пку, тя́нут-потя́нут и вы́тянуть не мо́гут. Кли́кнула ба́бка тётку-княги́ню.

Тётка за ба́бку, ба́бка за де́дку, де́дка за ре́пку, тя́нут-потя́нут, вы́тянуть в лю́ди не мо́гут. Кли́кнула княги́ня ку́ма-генера́ла.

Кум за тётку, тётка за ба́бку, ба́бка за де́дку, де́дка за ре́пку, тя́нут-потя́нут, вы́тянуть не мо́гут. Не вы́терпел дед. Вы́дал он до́чку за бога́того купца́. Кли́кнул он купца́ с сторублёвками.

Купе́ц за ку́ма, кум за тётку, тётка за ба́бку, ба́бка за де́дку, де́дка за ре́пку, тя́нут-потя́нут и вы́тянули го́лову-ре́пку в лю́ди.

И Серж стал ста́тским сове́тником.

Die Rübe
Übersetzung aus der Kindheit

Es waren einmal ein Großvater und eine Großmutter. Sie lebten und brachten Serge auf die Welt. Serge hatte lange Ohren. Doch statt eines Kopfes hatte er eine Rübe. Serge wuchs heran und wurde immer größer und größer … Der Großvater zog ihn an den Ohren, er zog und zog, doch er konnte ihn nicht zu einer gesicherten Lebensstellung heranziehen. Der Großvater rief nach der Großmutter.

Die Großmutter zog am Großvater, der Großvater an der Rübe. Sie zogen und zogen, doch sie konnten sie nicht herausziehen. Die Großmutter rief nach der Tante Fürstin.

Die Tante zog an der Großmutter, die Großmutter am Großvater, der Großvater an der Rübe. Sie zogen und zogen, doch sie konnten sie nicht zu einer gesicherten Lebensstellung heranziehen. Die Fürstin rief nach dem Taufpaten, dem General.

Der Taufpate zog an der Tante, die Tante an der Großmutter, die Großmutter am Großvater, der Großvater an der Rübe. Sie zogen und zogen, doch sie konnten ihn nicht zu einer gesicherten Lebensstellung heranziehen. Der Großvater hielt es nicht mehr aus. Er verheiratete seine Tochter an einen reichen Kaufmann. Er rief nach dem Kaufmann mit den Hundertrubelscheinen.

Der Kaufmann zog am Taufpaten, der Taufpate zog an der Tante, die Tante zog an der Großmutter, die Großmutter zog am Großvater, der Großvater zog an der Rübe. Sie zogen und zogen und zogen den Rübenkopf zu einer gesicherten Lebensstellung heran.

Und Serge wurde Staatsrat.

Die Rübe
Übersetzung aus der Kindheit

Es waren einmal ein Großvater und eine Großmutter. Sie lebten und brachten Serge auf die Welt. Serge hatte lange Ohren. Doch statt eines Kopfes hatte er eine Rübe. Serge wuchs heran und wurde immer größer und größer … Der Großvater zog ihn an den Ohren, er zog und zog, doch er konnte ihn nicht zu einer gesicherten Lebensstellung heranziehen. Der Großvater rief nach der Großmutter.

Die Großmutter zog am Großvater, der Großvater an der Rübe. Sie zogen und zogen, doch sie konnten sie nicht herausziehen. Die Großmutter rief nach der Tante Fürstin.

Die Tante zog an der Großmutter, die Großmutter am Großvater, der Großvater an der Rübe. Sie zogen und zogen, doch sie konnten ihn nicht zu einer gesicherten Lebensstellung heranziehen. Die Fürstin rief nach dem Taufpaten, dem General.

Der Taufpate zog an der Tante, die Tante an der Großmutter, die Großmutter am Großvater, der Großvater an der Rübe. Sie zogen und zogen, doch sie konnten ihn nicht zu einer gesicherten Lebensstellung heranziehen. Der Großvater hielt es nicht mehr aus. Er verheiratete seine Tochter an einen reichen Kaufmann. Er rief nach dem Kaufmann mit den Hundertrubelscheinen.

Der Kaufmann zog am Taufpaten, der Taufpate zog an der Tante, die Tante zog an der Großmutter, die Großmutter zog am Großvater, der Großvater zog an der Rübe. Sie zogen und zogen und zogen den Rübenkopf zu einer gesicherten Lebensstellung heran.

Und Serge wurde Staatsrat.

Ре́пка
Перево́д с де́тского

Жили-были себе дед да баба. Жили-были и породили Сержа. У Сержа уши длинные и вместо головы репка. Вырос Серж большой-пребольшой… Потянул дед за уши; тянет-потянет, вытянуть в люди не может. Кликнул дед бабку.

Бабка за дедку, дедка за репку, тянут-потянут и вытянуть не могут. Кликнула бабка тётку-княгиню.

Тётка за бабку, бабка за дедку, дедка за репку, тянут-потянут, вытянуть в люди не могут. Кликнула княгиня кума-генерала.

Кум за тётку, тётка за бабку, бабка за дедку, дедка за репку, тянут-потянут, вытянуть не могут. Не вытерпел дед. Выдал он дочку за богатого купца. Кликнул он купца с сторублевками.

Купец за кума, кум за тётку, тётка за бабку, бабка за дедку, дедка за репку, тянут-потянут и вытянули голову-репку в люди.

И Серж стал статским советником.

A

Ре́пка
Перево́д с де́тского

Жили-были себе дед да баба. Жили-были и породили Сержа. У Сержа уши длинные и вместо головы репка. Вырос Серж большой-пребольшой… Потянул дед за уши; тянет-потянет, вытянуть в люди не может. Кликнул дед бабку.

R

Бабка за дедку, дедка за репку, тянут-потянут и вытянуть не могут. Кликнула бабка тётку-княгиню.

Тётка за бабку, бабка за дедку, дедка за репку, тянут-потянут, вытянуть в люди не могут. Кликнула княгиня кума-генерала.

Кум за тётку, тётка за бабку, бабка за дедку, дедка за репку, тянут-потянут, вытянуть не могут. Не вытерпел дед. Выдал он дочку за богатого купца. Кликнул он купца с сторублевками.

Купец за кума, кум за тётку, тётка за бабку, бабка за дедку, дедка за репку, тянут-потянут и вытянули голову-репку в люди.

И Серж стал статским советником.

Die Rübe
Übersetzung aus der Kindheit

Es waren einmal ein Großvater und eine Großmutter. Sie lebten und brachten Serge auf die Welt. Serge hatte lange Ohren. Doch statt eines Kopfes hatte er eine Rübe. Serge wuchs heran und wurde immer größer und größer … Der Großvater zog ihn an den Ohren, er zog und zog, doch er konnte ihn nicht zu einer gesicherten Lebensstellung heranziehen. Der Großvater rief nach der Großmutter.

Die Großmutter zog am Großvater, der Großvater an der Rübe. Sie zogen und zogen, doch sie konnten sie nicht herausziehen. Die Großmutter rief nach der Tante Fürstin.

Die Tante zog an der Großmutter, die Großmutter am Großvater, der Großvater an der Rübe. Sie zogen und zogen, doch sie konnten ihn nicht zu einer gesicherten Lebensstellung heranziehen. Die Fürstin rief nach dem Taufpaten, dem General.

Der Taufpate zog an der Tante, die Tante an der Großmutter, die Großmutter am Großvater, der Großvater an der Rübe. Sie zogen und zogen, doch sie konnten ihn nicht zu einer gesicherten Lebensstellung heranziehen. Der Großvater hielt es nicht mehr aus. Er verheiratete seine Tochter an einen reichen Kaufmann. Er rief nach dem Kaufmann mit den Hundertrubelscheinen.

Der Kaufmann zog am Taufpaten, der Taufpate zog an der Tante, die Tante zog an der Großmutter, die Großmutter zog am Großvater, der Großvater zog an der Rübe. Sie zogen und zogen und zogen den Rübenkopf zu einer gesicherten Lebensstellung heran.

Und Serge wurde Staatsrat.

Anmerkung: Sie sehen hier eine etwas andere Aspektmarkierung dieses Textes. Über den deutschen Text, der ausschließlich Verben im Imperfekt enthält, sind die russischen Entsprechungen gelegt. Die leeren Kästchen in Gelb bezeichnen die Gegenwart und in Blau die vollendete Zukunft. In dieser Textbearbeitung ist also nicht nur der Aspekt, sondern auch die Verwendung der Zeit sichtbar gemacht. Auffällig für den russischen Text ist der Zeitenwechsel vom Präteritum in die Gegenwart. Der Aspekt bedingt und ermöglicht eine Textstruktur, die diesen Wechsel der Erzählzeit erlaubt. Besonders hervorzuheben ist die Verwendung des vollendeten Futurs, das hier Präsensbedeutung hat. *Потянет* und *потянут* könnte man mit *und sie zogen heftig an* übersetzen. Das Futur dient zur Hervorhebung und Veranschaulichung der Bemühung, die Rübe herauszuziehen. Der erste Übergang vom Präteritum zum Präsens macht die Geschichte lebendiger. Der zweite Wechsel vom Präsens zum vollendeten Futur steigert die Intensität noch einmal. Die Handlung wird uns sehr lebendig und «dramatisch» geschildert.

Die Rübe
Übersetzung aus der Kindheit

Es waren einmal ein Großvater und eine Großmutter. Sie lebten und brachten Serge auf die Welt. Serge hatte lange Ohren. Doch statt eines Kopfes hatte er eine Rübe. Serge wuchs heran und wurde immer größer und größer … Der Großvater zog ihn an den Ohren, er zog und zog, doch er konnte ihn nicht zu einer gesicherten Lebensstellung heranziehen. Der Großvater rief nach der Großmutter.

Die Großmutter zog am Großvater, der Großvater an der Rübe. Sie zogen und zogen, doch sie konnten sie nicht herausziehen. Die Großmutter rief nach der Tante Fürstin.

Die Tante zog an der Großmutter, die Großmutter am Großvater, der Großvater an der Rübe. Sie zogen und zogen, doch sie konnten ihn nicht zu einer gesicherten Lebensstellung heranziehen. Die Fürstin rief nach dem Taufpaten, dem General.

Der Taufpate zog an der Tante, die Tante an der Großmutter, die Großmutter am Großvater, der Großvater an der Rübe. Sie zogen und zogen, doch sie konnten ihn nicht zu einer gesicherten Lebensstellung heranziehen. Der Großvater hielt es nicht mehr aus. Er verheiratete seine Tochter an einen reichen Kaufmann. Er rief nach dem Kaufmann mit den Hundertrubelscheinen.

Der Kaufmann zog am Taufpaten, der Taufpate zog an der Tante, die Tante zog an der Großmutter, die Großmutter zog am Großvater, der Großvater zog an der Rübe. Sie zogen und zogen und zogen den Rübenkopf zu einer gesicherten Lebensstellung heran.

Und Serge wurde Staatsrat.

Ре́пка
Перево́д с де́тского

Жили-были себе дед да баба. Жили-были и породили Сержа. У Сержа уши длинные и вместо головы репка. Вырос Серж большой-пребольшой… Потянул дед за уши; тянет-потянет, вытянуть в люди не может. Кликнул дед бабку.

Бабка за дедку, дедка за репку, тянут-потянут и вытянуть не могут. Кликнула бабка тётку-княгиню.

Тётка за бабку, бабка за дедку, дедка за репку, тянут-потянут, вытянуть в люди не могут. Кликнула княгиня кума-генерала.

Кум за тётку, тётка за бабку, бабка за дедку, дедка за репку, тянут-потянут, вытянуть не могут. Не вытерпел дед. Выдал он дочку за богатого купца. Кликнул он купца с сторублевками.

Купец за кума, кум за тётку, тётка за бабку, бабка за дедку, дедка за репку, тянут-потянут и вытянули голову-репку в люди.

И Серж стал статским советником.

Quellen

Русская грамматика. Академия наук СССР. Moskau 1980. Zitiert nach: http://rusgram.narod.ru.

Николай Гоголь: Нос. In: *Собрание сочинений в 9 т. Band 3.* Moskau 1994.

Борис Ласкин: Жуткая история. In: *Спасибо за внимание. Юмористические рассказы.* Kopenhagen 1972, S. 35 — 42.

Борис Ласкин: Сильная рука. In: *Спасибо за внимание. Юмористические рассказы.* Kopenhagen 1972, S. 43 — 51.

Юрий Пупынин: Пароход со сметаной. In: *Юрий Пупынин: Кошка под зонтиком. Сказки.* Blagoveščensk 1984.

Антон Чехов: В почтовом отделении. In: *Собрание сочинений. Band 2.* Moskau 1960, S. 88f.

Антон Чехов: Репка. Перевод с детского. In: *Собрание сочинений. Band 1.* Moskau 1960, S. 481.

Thomas Bernhard: Alte Meister. Frankfurt 1984 S. 39 u. 41.

Natalie Fischer: Ein Präsensgedicht. In: *Jederzeit.* Wien 2010, S. 157.

Natalie Fischer: Ein Aspektgedicht. In: *Jederzeit.* Wien 2010, S. 159.

Ulrich Herrmann: Lernen findet im Gehirn statt. In: *Lernen und Gehirn. Der Weg zu einer neuen Pädagogik.* Hrg.: Ralf Caspari. 7. Aufl. Freiburg im Breisgau 2010, S. 88.

Gerhard Hüther: Wie lernen Kinder? In: *Lernen und Gehirn. Der Weg zu einer neuen Pädagogik.* Hrg.: Ralf Caspari. 7. Aufl. Freiburg im Breisgau 2010, S. 75.

A. V. Isačenko: Die russische Sprache der Gegenwart. Formenlehre. 3. Aufl. München 1975, S. 364.

Herbert Schelesniker: Das slavische Verbalsystem und seine sprachhistorischen Grundlagen. In: *Innsbrucker Beiträge zur Sprachwissenschaft. Vorträge und Kleinere Schriften 51.* Hrg.: Wolfgang Meid, Innsbruck 1991, S. 17.

Heinz Schirp: Neurowissenschaften und Lernen. In: *Lernen und Gehirn. Der Weg zu einer neuen Pädagogik.* Hrg.: Ralf Caspari. 7. Aufl. Freiburg im Breisgau 2010, SS. 103, 105f, 117, 123; vgl. S. 111f.

Manfred Spitzer: Medizin für die Schule. In: *Lernen und Gehirn. Der Weg zu einer neuen Pädagogik.* Hrg.: Ralf Caspari. 7. Aufl. Freiburg im Breisgau 2010, S. 25f.

Weiterführende Literatur

Hans Schlegel: Bildung, Bedeutung und Gebrauch des russischen Verbalaspekts. Teil 1: Theoretische Grundlagen (Lehrbuch). In: *Specimina Philologiae Slavicae. Band 136.* München 2002.

Hans Schlegel: Bildung, Bedeutung und Gebrauch des russischen Verbalaspekts. Teil 2: Informationen, Aufgaben und Übungen. In: *Specimina Philologiae Slavicae. Band 141.* München 2002.

Manfred Spitzer: Lernen. Gehirnforschung und die Schule des Lebens. 1. Aufl. Heidelberg 2006.